吴振东

/著

50 Questions and Answers

about

Kindergarten Curriculum

and Teaching

# 幼儿园课程
# 与教学问答
## 50例

复旦大学 出版社

# 前言

　　因工作缘故,本人时常要与幼儿园园长和老师打交道,在交流、接触过程中也经常就幼儿园课程与教学方面诸多问题充当起答疑解惑的角色。自 2016 年 11 月 4 日起,本人开始有意识地将对幼儿园园长、老师、教研员、同事所咨询问题的回答整理成文,并发布在个人 QQ 空间。

　　将问答内容整理成文并发布的目的,一是有以帖为证、立此存照之意,即通过整理成文这一形式,便于给咨询者比较完整地呈现本人所答复的具体内容,以免因现场倾听等原因而产生不必要的歧义;二是也能及时地跟一些时常关注本人 QQ 空间的好友分享,所答的或许也是他们曾有过,或现在还深感疑惑的问题。当然,也有不少 QQ 好友会在留言板上分享他们宝贵的意见和建议。就在这样不经意的问与答之间,一年多的光阴悄然而过,忽然间发现在无意中也积累了不少问答式的帖子。有一天,在一位本人所敬重的"幼教大咖"的启发与鼓励下,萌发了将之结集出版的动议。因出结集版的需要,在着手整理的过程中,对原先一些回答比较简约的帖子,在尽量保留原意的基础上,将之逐一细化与书面化。

　　收录在本书的 50 个问题,绝大多数是通过微信、QQ、短信、电话或面谈等方式进行咨询的。有部分问题是杂志社编辑约稿的话题,本人现场走访幼儿园发现并当场给园长、老师解答的问题,本校年轻教师进园观摩遇到的实际问题。当然,这些问题所涉及的范围不一,有的可能是老生常谈,有的却是新的困惑,有的问题则还有可能带有一定的地域性,但秉着"他山之石,可以攻玉"的想法,本人认为将之整理结集出版,或许对一线教师还是有启发的。

　　书中将这 50 个问题依内容相关度整理成四个专辑,即"《指南》精神与课程规划""环境创设与区域活动""单元主题与领域活动""教师教学与课题研究"。四个专辑的具体内容不同,篇幅容量也不一,从问题的具体数量而言,以幼儿园课程与教学活动组织与指导方面的问题居多。在编写这本书稿时,作者尽可能保持原来所问问题的真实内容,因而,有部分问题所指向的内容或许有部分交叉。

本书在编写时力求体现以下三个特点:一是简洁性。在回答问题时尽量能将所要回答的内容进行概括,提炼成幼儿园教师便于理解与记忆的短语,例如:"材料提供的'差异性'='多样性(类型)'+'层次性(水平)'。""在幼儿园环境创设时,可以看到幼儿参与的身影,可以看到幼儿走过的足迹。"二是通俗性。本书在文体格式上采用一问一答方式进行表述,在行文上力求做到通俗易懂,努力将对问题回答所运用的专业理论知识,以幼儿教师比较习惯的阅读方式加以呈现。三是灵活性。对问题的回答篇幅不一,能短则短,该长则长,以能说清问题为目的,不过多拘于形式上的约束。在问题回答中凡属于约稿类的,因其本身就是以文章的方式作答后再收入,因而篇幅会显得相对较长。

本书所表述的有关幼儿园课程的观点,深受虞永平教授所出版的两部学术专著《生活化的幼儿园课程》《学前课程与幸福童年》的影响,在撰写本书时也参考借鉴了同仁的相关文献,凡所参考的文献资料均加以注明,在此谨致谢意,同时也要向曾提供这些话题的同行们表示衷心的感谢,因为有这样的因缘际会,也才有本书的产生。本书能得以顺利出版,还得感谢查莉和赵连光两位编辑的支持与帮助。

囿于本人的学术视野与专业水平,书中存在一些有待完善之处,敬请诸位行家里手不吝赐教。

**吴振东**

2018 年 12 月 9 日

# 目录

## 第一辑

### 《指南》精神与课程规划

2 /　　01　如何领会《指南》中所倡导的教育观念

11 /　　02　如何把握《指南》中所提出的新视点

17 /　　03　如何认识和实施幼儿园生本课程

24 /　　04　如何确立幼儿园的办园理念

27 /　　05　如何规划好乡镇中心园的办园特色

31 /　　06　如何规划好新办园课程特色建设工作

33 /　　07　如何做好民间传统文化资源研发工作

39 /　　08　如何正确处理好民间传统体育游戏的玩法与规则

41 /　　09　如何开展好儿童博物教育工作

44 /　　10　如何开展系列化的儿童博物教育研究

# 第二辑

环境创设与区域活动

48 /　　11　如何做好拟建幼儿园的室内活动空间规划工作

51 /　　12　如何做好拟建幼儿园的户外场地规划与设计

56 /　　13　如何做好高质量的幼儿园环境创设工作

60 /　　14　如何撰写一份规范的游戏活动计划

67 /　　15　如何正确看待当前区域活动存在的主要问题

75 /　　16　如何做好区域活动的观摩学习工作

77 /　　17　如何做好游戏活动的观察与介入工作

83 /　　18　如何认识当前所出现的一些区域活动类型的新提法

86 /　　19　如何开展好共享型区域活动

91 /　　20　如何开展好混龄区域活动

94 /　　21　如何看待户外区域活动这一"热"现象

96 /　　22　如何认识与创设好特色区域活动

98 /　　23　如何看待小班数学区的设置与实施问题

102 /　　24　如何看待将点心活动与区域活动整合的改革举措

105 /　　25　如何认识与解决区域活动中的偏区现象

109 /　　26　如何看待中、大班幼儿移换别人进区牌的现象

111 /　　27　如何认识幼儿在区域活动中出现的非预期活动行为

114 /　　28　如何看待幼儿园在尝试"玩伴相对固定"的游戏指导改革

# 第三辑

## 单元主题与领域活动

118 /　　29　如何编拟一份单元主题活动网络图

122 /　　30　如何处理好主题活动实施中出现的领域失衡问题

124 /　　31　如何认识"整合课程"背景下的领域活动

128 /　　32　如何理性看待"生活教育化"这一提法

130 /　　33　如何认识"探究式体育教学活动"这一新提法

132 /　　34　如何看待在幼儿早操中选用成人歌曲的现象

134 /　　35　如何看待幼儿园每学期都要编排新早操的问题

136 /　　36　如何看待在教学活动中对经典绘本进行解构的做法

139 /　　37　如何拟定好幼儿园绘本教学活动目标

141 /　　38　如何看待乡镇中心园开展园本绘本研发工作

# 第四辑

## 教师教学与课题研究

144 /　　39　如何看待幼儿园教师教学分工现象

148 /　　40　如何看待幼儿园分组教学改革

152 /　　41　如何看待幼儿园开展的片段教学活动比赛

155 /  42  如何看待幼儿园教师编拟教案的问题

159 /  43  如何看待教师需交繁多的教学文字材料现象

162 /  44  如何拟定一份准确的幼儿园课题名称

164 /  45  如何做好幼儿园课题申报工作

169 /  46  如何开展好园本教研活动

175 /  47  如何做好园本教研中专业引领工作

179 /  48  如何推进与深化园本教研工作

186 /  49  如何做好个体教育经验总结

192 /  50  如何提高幼儿教师专业文章写作水平

# 第一辑

## 《指南》精神与课程规划

如何领会《指南》中所倡导的教育观念

**问**

研制八年的《3～6岁儿童学习与发展指南》(以下简称《指南》)颁布后,人民教育出版社也组织出版了《〈指南〉解读》一书,目前各地也时常组织有关专家给一线教师开展《指南》精神的培训活动。关于《指南》这一权威性文件,能否谈谈您个人是怎样解读的?

**答**

我个人认为《指南》的解读主要有两种方式,即"后台前置式"和"落地生花式"。前者的解读者往往就是直接参与《指南》研制的相关专家,透过他们"后台前置式"的解读,将《指南》文本所承载的相关的背景知识向大家做比较系统的专题式的讲解,如研制《指南》的目的、依据、理念与框架以及《指南》在实施时应注意的基本事项等。后者的解读者应该是基于前者的解读,并结合个人的理解,从实践层面去对接《指南》精神,即将《指南》精神如何落地生花的做法与感悟向大家做经验总结式的介绍。

当然,也有不少地方幼教专家对《指南》的解读,多数是从自己所熟悉的教学与研究领域出发,在"后台前置式"解读的基础上,结合自己学习与思考的体会再做更细化式的解读。但这种解读方式有可能因囿于自己所某熟悉的某一领域,缺乏对《指南》做整体性的把握,或受个人专业理解能力的制约,《指南》精神很有可能在这样的解读中被人为"衰减"或"污染",即"窄化"或"曲解"。

本人曾写过一篇从观念层面解读《指南》精神的文章,认为这种解读方式应该是有别于上述三种常见的解读方式,是属于一种"中观层面"的整体性解读。《指南》是规范当前我国幼儿园教育教学行为,明确幼儿园课程建设方向,有力推动课程改革进程,着实提升幼儿园办园质量的指导性文件。观念是行动的先导,不同的教育观念支配着不同的教育行为。《指南》精神如何有效地落实到幼儿教师教育实践行动中去,从细微处去践行《指南》精神,让《指南》真正成为广大幼儿教师教育行动的准绳,笔者认为有必要从观念层面对《指南》精神实质进行解读,让广大幼儿教师对《指南》所倡导的基本观念较全面地了解与掌握。

## 一、关注教育公平,强调全面发展的质量观

《指南》是在幼教界掀起反对幼儿园教育"小学化"倾向的时代背景下正式颁布的。《教育部关于印发〈3～6岁儿童学习与发展指南〉的通知》就贯彻《指南》工作,明确提出要开展全员培训、建设一批实验区、抓好幼小衔接、加强社会宣传和加强组织领导。其目的就是要唤起广大民众关注幼儿园的教育质量,并且对何谓幼儿园教育质量有正确的认识。

虽然《指南》所侧重表述的是关于3～6岁儿童学习与发展的合理期望,引导人们对3～6岁儿童学习与发展有个正确认识,但其在"教育建议"篇幅上却着墨甚多、甚细,如:"经常与幼儿玩拉手转圈、秋千、转椅等游戏活动,让幼儿适应轻微的摆动、颠簸、旋转,促进其平衡机能的发展。""当幼儿不知怎样加入同伴游戏,或提出请求不被接受时,建议他拿出玩具邀请大家一起玩;或者扮成某个角色加入同伴的游戏。""允许幼儿犯错误,告诉他改了就好。不要打骂幼儿,以免他因害怕惩罚而说谎。""鼓励幼儿尝试自己解决生活中的数学问题。如家里来了5位客人,桌子上只有3个杯子,还需要几个杯子等。""了解并倾听幼儿艺术表现的想法或感受,领会并尊重幼儿的创作意图,不简单用'像不像''好不好'等成人标准来评价。"

可以明显地看出《指南》是企图成为广大成人(家长和教师)教育幼儿的行动

指南,通过对《指南》精神的学习与贯彻,规范成人对幼儿的教育行为,有效地遏制当前社会上愈演愈烈的幼儿园教育"小学化"倾向,将幼儿园教育引向一条保基本的、有质量的、可持续发展的康庄大道。

因而,领会《指南》精神,首要前提就是要弄清楚《指南》所倡导的幼儿园教育质量观。《指南》在关注教育公平,追求全面发展的幼儿园教育质量观可以粗略地概括为两大方面,一是宏观层面上关注城乡教育的均衡发展,二是微观层面上重视幼儿个体的全面发展。

如何理解《指南》在关注教育公平、缩小城乡幼教质量差距上的作用呢?衡量幼儿园教育质量的核心标准,应该是能否将以幼儿发展为本位的教育理念落实到位,并有效地促进幼儿身心健康和谐地发展。而幼儿教师是影响幼儿发展的重要他人,先进的教育理念的落实是需要幼儿教师去贯彻执行的,并渗透在幼儿教师的日常教育工作的每个细微之处。

幼儿教师自觉地以先进教育理念来规范自己的教育行为,是切实提高幼儿园教育质量的根本保证。《指南》作为一部具有指导与规范当前幼儿教育工作者教育行为性质的管理文件,虽然无法强制性地要求地方政府需要给予欠发达地区的幼儿园投入多少的财政经费以改善办园条件,同样的,也对地方政府在幼儿园教师编制的核审上不具备法定的约束力,无法确保欠发达地区具有编制身份的合格幼儿教师的数量,但这并不意味着《指南》对缩小城乡幼教质量差距是无所作为的。相反,它是将推进城乡幼教质量均衡发展作为一项重要的历史使命来担当。《指南》巧妙地从规范教师日常教育行为入手,以润物细无声的方式在关注和推进城乡幼教质量。

研读《指南》的行文风格和表述方式后,可以看得出编制者是用心良苦的,力求编制出一份城乡成人通适版、通俗版的行业性指导文件。李季湄在《〈指南〉解读》中明确指出:"广大家长是《指南》主要的使用者。"家长能够使用的,则幼儿教师更应责无旁贷地积极将之践行于日常工作之中。诚如是,欠发达地区的农乡幼儿园教师的教育行为就有望得以较好的规范与提升,其教育质量自然而然就可以得到有效的提高,从而使得城乡幼教质量的差距得以缩小,并朝着均衡的方向发展。

教育是促进幼儿个体发展的有效途径,获得有效发展也是学习者接受学校教育的根本出发点。幼儿园教育下的幼儿发展应该是幼儿身心健康和谐的发展,是幼儿在全面发展中追求个性,在个性发展中力求全面。《指南》在"'说明'

部分"非常明确地指出落实《指南》精神时,要"关注幼儿学习与发展的整体性""尊重幼儿发展的个体差异""促进幼儿身心全面协调发展,而不应片面追求某一方面或几方面的发展",应"支持和引导他们从原有水平向更高水平发展,按照自身的速度和方式到达《指南》所呈现的发展'阶梯',切忌用一把'尺子'衡量所有幼儿"。

当前幼儿教师在幼儿身心发展问题的认识上常落入两大误区,一是把片面发展等同于个性发展,二是过于关注发展的全体性、全面性而忽略了个体的个性发展。如果说将片面发展视同于个性发展的误区比较好加以判断的话,那么对于个体的个性发展则可能存在着"集体无意识"现象,很多幼儿教师或许在"缺失优先,扶弱补短"工作上会做得比较扎实,但在"扬长培优"方面却往往"施教乏术"而无法有效引领,或因不够重视而听之任之。"扶弱为强"是体现全面发展,但没有让幼儿"扬长成优",让幼儿在原有强项领域中发展成为他的优势,并由强项优势而建立起的自信迁移到他的弱项领域的学习,这也是幼儿个体发展不协调不全面的一种表现。

在理解幼儿身心全面发展问题上,特别要弄清楚《指南》中的"领域"的内涵。首先,《指南》的正文是从"健康、语言、社会、科学和艺术"五大领域来描述3~6岁儿童学习与发展。"五大领域"所表达的更多的是幼儿应该学习的最基本、最重要的学习领域,就像人的生长发育以及维持生命生存所需要摄取的五谷类、果蔬类、肉类、鱼类、蛋类、奶类等食物。人在生活中的饮食结构如果不合理,久而久之就会伴随相应的疾病出现,这是生活中的常识,"五大领域"对于幼儿的学习与发展的价值道理亦然。

《指南》正文表述按道理应该是按幼儿身心发展维度来阐述,如"知觉与动作发展、认知发展、社会与情绪发展和语言发展"等,就如人的生命所需要的碳水化合物、蛋白质、脂肪、无机盐、维生素和水六大营养成分。但《指南》却沿用《幼儿园教育指导纲要(试行)》(以下简称《新纲要》)按"领域"的方式进行表述,这除了可以避免教师因表述维度不一致而导致在实践层面的混乱之外,采用幼儿应该学习的"五大领域"来表述,也有便于幼儿教师实践操作的考量。

其次,领域活动指的是幼儿在学习该领域内容所进行的相关活动,领域活动不等于集体教学活动,幼儿可以通过集体、小组或个别活动形式,通过正式与非正式活动途径,或者是通过游戏活动、区域活动、生活活动、教学活动等教育活动类型来进行"领域"的学习活动。

最后，幼儿身心各方面的发展不是彼此孤立进行的，各方面的发展之间有着不可分割的联系。《指南》中的"五大领域"是相互联系、相互支撑的关系，在"五大领域"的学习上，不可人为地割裂或者任意地削弱某方面的内容，《指南》所期望的是幼儿通过"五大领域"的学习来实现幼儿全面、协调的发展。

## 二、凸显核心价值、力求简练易懂的实用观

《指南》所体现的实用观具体表现在结构明晰、领域核心价值凸显和表述简练易懂三个层面。《指南》在结构安排上采用纵向逐级细化与具体化的形式，其具体结构为"领域概论——子领域与目标——各年龄段典型表现——教育建议"四个层级。

《指南》在各层级块面的条文表述角度和叙述风格上力求浅显易懂、简练实用，特别是旨在规范成人教育行为的"教育建议"部分，更是采用几近口语化的表述方式，例如："幼儿做错事时要冷静处理，不厉声斥责，更不能打骂。""在公共场合不大声说话，不说脏话、粗话。""带幼儿观看或共同参与传统民间艺术和地方民俗文化活动，如皮影戏、剪纸和捏面人等。"应该说《指南》是一部力求让广大成人看得懂、用得上、做得好，对幼儿园教育和家庭教育实践均具有实用性指导与规范的教育文件。

《指南》采用"五大领域"的形式来展开正文内容，在各领域下又采用"子领域"和"子领域目标"的表述结构，每个领域下分别划分了 2～3 个"子领域"及相应的"子领域目标"，共有 11 个子领域及相应的 32 条子领域目标。特别是在"子领域"中用极其简洁的语句高度概括了各领域的核心价值，便于教师理解、掌握与运用。

领域核心价值的提出，应该说是《指南》对广大幼儿园教师在教育教学实践的一大贡献。领域活动的设计与组织是广大幼儿园教师所熟悉的，但各领域在幼儿身心发展中的主要作用是什么？能非常明了的恐怕也是为数不多。

在此尝试对《指南》中的"五大领域"的核心价值作进一步的梳理与概括：健康领域的核心价值是增进幼儿体质与形成健康的生活方式，语言领域是发展幼儿的口语表达能力，社会领域是增进幼儿规则意识的形成与社会适应能力，科学领域是培养幼儿的探究意识、解决问题能力以及思维能力，艺术领域是培养幼儿的审美与创造能力。

《指南》力求帮助幼儿教师建立起领域核心价值意识,至少具有两方面的意义。一是有助于教师更进一步明确各领域活动的基本价值取向,抓住各领域学习的本质,有利于幼儿教师在教育实践中能够超越具体活动载体的制约,更好地支持教师在教育现场中关注幼儿兴趣,生成有价值的课程活动。例如,一位教师在科学探索区投放了两个瓶口连通对接的可乐瓶,其中一个可乐瓶装了七分水,教师期望幼儿在操作这个新投放的操作材料时(将两个连在一起的可乐瓶竖立起来,其中有装水的可乐瓶倒立在上面,另一个空的可乐瓶直立在下面)会对水从上端可乐瓶迅速沿着连接小管子留下来而出现的漩涡现象感兴趣,并展开讨论。但在现场操作时,两位幼儿却是隔着慢慢注满水的下方那个可乐瓶,很高兴地谈论着"我看到了你的鼻子""哇,我看到了你的嘴巴"。老师在现场听到了两位幼儿的交流与讨论,尽管他们所发现与交流的并不是老师所预期的,但该老师认为两位幼儿都在主动地探究着,这样的行为也是幼儿科学探究行为,同样值得教师去关注与支持。

二是确保领域核心价值在课程实施中得以有效落实。在实践中时有出现这样的情况,有的教师将所开展的活动冠之为某领域活动,但在实施过程中却未能很好地将该领域的核心价值体现出来,活动环节繁多,貌似内容丰富,但环节却通常是匆匆而过,领域活动的主题线索不明朗,核心经验不凸显,所带给幼儿相应的领域活动体验也是不深刻、持久与系统的,这样的活动所带给幼儿的经验往往是模糊而较为空泛。比如,在体育活动中本该让幼儿做比较充分的练习,让幼儿在活动中应有一定的运动量才能达到锻炼身体的目的,但活动的组织者却安排了过多的与体育锻炼相关度不大的统计与记录时间,并美其名曰"整合"。该教师对此体育活动的处理,无形中就大大削弱了活动中的体育元素,体育活动丧失了其应有的核心价值。而事实表明,领域核心价值在课程实施过程中得以落实是开展领域间渗透与整合的前提,领域核心价值在课程实施中无意识的流失,就是丧失它在促进幼儿身心发展应起的作用,不利于幼儿身心全面和谐的发展。

## 三、倡导关注过程,立足个体发展的评价观

《指南》在"'说明'部分"强调,"幼儿的发展是一个持续、渐进的过程,同时也表现出一定的阶段性特征"。《指南》的这句话明确告诉了我们:幼儿身心发展是过程性和阶段性相统一的,过程性是发展的基本方向,阶段性是发生在过程性这

一发展大趋势之中的。而作为反映教师对幼儿发展的基本立场以及体现教育在幼儿发展所起的作用的教育评价，尽管在《指南》中条文篇幅不多，但详细研读《指南》内容，如"以欣赏的态度对待幼儿。注意发现幼儿的优点，接纳他们的个体差异，不简单与同伴作横向比较""不要拿幼儿的不足与其他幼儿的优点作比较""肯定幼儿作品的优点，用表达自己感受的方式引导其提高""关注幼儿的感受，保护其自尊心和自信心"等，可以比较清楚地把握《指南》所主张的是一种关注过程、立足个体发展的教育评价观。

《指南》中"关于各年龄典型表现"部分对各年龄段末期幼儿大致可以达到什么发展水平提出了合理期望，也可以视为幼儿发展的阶段性特征。在《〈指南〉解读》一书中，一再强调要克服机械执行《指南》，将《指南》对实践的指导演化为简单化、模式化的"达标教育"。应该说《指南》中的"关于各年龄典型表现"，即各年龄段目标，具有"指标"的意蕴，客观上具有测试功能。但在具体实践中，主张将各年龄段目标作为幼儿教师教育实践工作的指引、指向，表明幼儿身心发展的方向，而不仅仅是发展的结果。

如果将"目标"当作发展结果来使用，有可能导致两种情况：一是只关注结果，忽视过程，为结果而结果而导致机械训练、片面教育，在具体教育活动中因过分强调结果，而失去了幼儿在活动过程中更有价值的表现，出现"有教无学"，即只有表层次"教的效果"，没有深层次"学的体验"；二是教师眼里只有常模儿童，没有现实生活中具体的活生生的个体儿童，忽视儿童发展的个性化与个别差异性。

《指南》所倡导的关注过程、立足个体纵向发展的教育评价观的启示：

一是要在了解幼儿的基础上进行教育评价。没有调查就没有发言权，不了解幼儿在活动中的想法与做法，就无法对幼儿的活动情况作准确的评价。教师了解幼儿的主要途径，可以是通过现场活动的观察与分析，或为幼儿创造充分表达的机会，教师再通过倾听或作品分析法等方式去了解幼儿。只有建立在了解幼儿的基础上的教育教学评价，才能使评价工作更具有针对性与有效性。

二是在立足促进幼儿个体发展的前提下评价幼儿。评价本身不是目的，评价结果只是指导的依据。评价要坚持积极的导向功能，要通过评价让幼儿获得积极的情感体验，向幼儿传递与反馈利于培养幼儿积极的自我效能感的信息。

三是要在动态的活动过程中评价幼儿。教育教学评价要关注过程，这是教育评价功能转向于诊断性、发展性评价的现实需要。在过去强调评价的甄别性功能下,教育活动评价注重的往往是结果性评价。关注过程的评价,是将评价渗透于活动过程之中,结合教师对幼儿活动过程的观察而进行的教育评价,可以使教育评价更具针对性。同时,这样的评价往往是与教师对幼儿活动的指导紧密相结合起来,使幼儿活动更有质量。再次,这种渗透于活动过程中的评价有利于扩大评价受众面,使得更多的幼儿能受到更多个别化的评价与指导的机会。

四是要改变教师惯于对幼儿进行横向评价,而忽略对幼儿个体发展作纵向评价的不良习惯。横向式的教育评价带有对幼儿进行甄别性评价的色彩,有导致让幼儿从评价中获得习得性无能经验的危险。而立足于个体的评价,客观上要求教师尊重幼儿个体差异,要关注幼儿在原有水平上的发展和提高,要以欣赏的心态、发展的眼光去捕捉幼儿身上的各种闪光点,对幼儿的点滴进步给予及时的鼓励和肯定,让优点不断放大、闪光点不断增多。心理学研究表明,教师经常鼓励幼儿,可以调动幼儿自身的积极因素,可以增强幼儿的自信心。比如,在美术活动中对个体的活动评价,既要关注幼儿技能技巧的掌握情况,更要注重其美工活动过程中的态度、习惯、专注和努力程度等方面的进步。

## 四、紧跟国际潮流,彰显与时俱进的发展观

教育是培养能够服务与推进社会发展,能够与时代精神相适应的人才。教育要反映社会进步、时代发展的基本要求,甚至要引领时代发展的潮流,体现出教育的前瞻性。《指南》作为旨在指导当前全国幼教同仁的新的文件,研读《指南》的具体条文,不难发现个中有不少新的提法和新的要求。

这些新内容有的是紧跟国际幼教发展潮流,有的则是针对当前幼教发展中的偏差而提出的,如针对城市中不少家长对孩子的过度保护和照顾,幼儿的运动机会相对比较缺乏的现象,《指南》在健康领域的"教育建议"中提出:"日常生活中鼓励幼儿多走路、少坐车;自己上下楼梯,自己背包。"针对当前社会出现了一些损害儿童生命权与隐私权的现实问题,《指南》特别提出:"不把幼儿单独留在家里或汽车里等。""告诉幼儿不允许别人触摸自己的隐私部位。"

众所周知,幼儿园教育是向下扎根的教育,幼儿教育应为幼儿健康成长的一生奠定好基础。因而,幼儿教育应去关注幼儿的良好行为习惯与学习品质的培养。为有效纠正当前人们在幼儿园教育中过分追求知识技能的取向,追求立竿见影的短期功利性效果,《指南》在"'说明'部分"中特别强调要"重视幼儿的学习

品质"，指出："幼儿在活动过程中表现出的积极态度和良好行为倾向是终身学习与发展所必需的宝贵品质。要充分尊重和保护幼儿的好奇心与学习兴趣，帮助幼儿逐步养成积极主动、认真专注、不怕困难，敢于探究和尝试、乐于想象和创造等良好学习品质。忽视幼儿学习品质培养，单纯追求知识技能学习的做法是短视而有害的。"

《指南》对幼儿学习品质培养的重视这一新要求，既是对当前教育实践的一种纠偏，也是紧跟世界幼教潮流的一种表现。在《〈指南〉解读》一书中指出："美国于 1991 年在国家教育目标委员会提交的有关'入学准备'的工作报告中，首次提出了学习品质的培养。在很多国家的儿童学习目标中都有关于学习品质内容的明确表述。"

此外，研读《指南》仍可以随处发现有许多新的提法与新的要求。例如：为培养幼儿参与体育运动的兴趣与习惯，树立健康的生活方式，在健康领域提出"和幼儿一起观看体育比赛或有关体育赛事的电视节目，培养他对体育活动的兴趣"；在社会领域中，为鼓励幼儿有主见、个性化发展、不从众的意识，提出了"与别人的看法不同时，敢于坚持自己的意见并说出理由"；在强调培养幼儿团结友爱的同时，也提出了要培养幼儿自我保护意识，在"教育建议"中明确提出"不欺负别人，也不允许别人欺负自己"；为让幼儿能真正专注于科学探究之中，鼓励幼儿大胆探究的行为，在科学领域中，提出"容忍幼儿因探究而弄脏、弄乱、甚至破坏物品的行为，引导他们活动后做好收拾整理"；为培养幼儿的博物意识，在艺术领域中提出了"支持幼儿收集喜欢的物品并和他一起欣赏"；等等。

《指南》中的这些新内容所体现出来的新精神，无疑是需要广大幼儿教师在教育实践中去领会与落实的，更是他们开展教育研究值得探索的新课题。

# 如何把握《指南》中所提出的新视点

贯彻《指南》精神是提升学前教育质量，推进学前教育事业发展的重要抓手。当前全国幼儿园都在根据实际情况，积极践行着《指南》精神，在保质量、创特色的大路上努力前行。请问能否就幼儿园课程实践层面这一维度，谈谈《指南》到底提出了哪些新视点？

**答**

改革开放以来，至 2012 年 10 月正式颁布《指南》，教育部（委）发布的权威的幼教法规文件主要有 1981 年 10 月颁布的《幼儿园指导纲要（试行）》、1989 年 9 月发布的《幼儿园工作规程（试行）》和《幼儿园管理条例（试行）》，1996 年 6 月发布的《幼儿园工作规程（试行）》，2001 年 7 月颁布《新纲要》。

在这五份文件中，唯独《指南》文件上未标注"试行"一词，由此可窥《指南》文件权威性之一斑。既然是比较权威，且是近年颁布的，那么，《指南》内容肯定蕴含着许多新的教育理念，即《指南》的新视点。将《指南》文本中的这些新视点进行梳理，旨在进一步领会《指南》精神实质，把握好《指南》对幼教实践指导上的先进性与规范性。

## 一、领会《指南》在课程目标上的新要求

《指南》在文本上按采用五大领域进行表述,每个领域下又划分一定数量的子领域;每个子领域的目标部分列出了若干目标,在每一条目标下都有"各年龄段典型表现"与相应的"教育建议"。如果可以姑且将每条目标及其"各年龄段典型表现"统称为"课程目标"的话,其实《指南》文本就是包括"课程目标"和"教育建议"两大块面。在关注《指南》文本的新视点时,也是从这两大块面的内容进行考察的。

可以说,《指南》对一线幼教工作者的最大贡献便是明确地给出"各年龄段典型表现",即各年龄段末期幼儿大致可以达到什么发展水平而提出的合理期望。这个"各年龄段典型表现"可以简称为各年龄段课程目标。将《指南》中的各年龄段课程目标与 1981 年颁布的《幼儿园指导纲要(试行)》和 2001 年颁布的《新纲要》相比较,以及比对在《指南》颁布前公开发行的相关专业资料,可看出《指南》在五大领域课程目标中提出了一些"前所未有"的新要求。

在"健康领域",提出了"具有健康的体态"的目标,并在该目标下明确提出各年龄段的表现。例如,对于 5～6 岁阶段末期(接近 6 岁或年满 6 岁),"男孩身高 106.1～125.8 厘米,体重 15.9～27.1 公斤;女孩身高 104.9～125.4 厘米,体重 15.3～27.8 公斤。"《指南》之所以提出这条目标,应是考虑到"我国幼儿低体重率和肥胖率不容忽视,尤其是幼儿肥胖率呈现出增长的趋势"[①],当前存在着令人担忧的肥胖儿童现象。在健康的体态中,特别提出体重问题,应是要提醒家长关注孩子是否存在肥胖问题,并及时加以预防。

与 1981 年的《纲要》相比较,《指南》在关于幼儿运动能力方面,删去了有关"原地纵跳触物(即'跳跃摸高')、双脚立定跳远和双脚站立'高跳下'"的具体要求,但对幼儿上肢力量方面特别提出了"悬吊"的要求。如,幼儿(3～4 岁)"能双手抓杠线控吊起 10 秒左右"。在传统的《幼儿卫生学》等专业教科书中,明确提出了幼儿不宜开展"悬吊"活动的观点,其理由是幼儿腕部发育不健全,"悬吊"活动易导致幼儿关节脱臼。《指南》的这一新要求,显然是对先前的专业知识的一

---

① 李季湄、冯晓霞主编:《〈3～6 岁儿童学习与发展指南〉解读》,人民教育出版社 2013 年版,第 58 页。

种颠覆。而对于一线教师而言,就得认真考虑如何将此新要求在实践中加以有效地落实。

《指南》在"具有良好的生活与卫生习惯"目标下,针对"各种饮料、电视节目"充斥现代人生活的现实,在三个年龄段中都明确提出了"不贪喝饮料"的新要求,并对三个年龄段"连续看电视的具体时间"做了明确规定。提出"不贪喝饮料"这一目标,"这不仅体现国家对于幼儿营养状况与健康的关注,也体现出对幼儿从小形成健康生活方式的重视"。[①] 至于观看电视的时间,其实现代人的生活中,电视已经不是获得各种资讯、娱乐的主要电子产品,人们花在电脑和智能手机的时间远远高于观看电视节目。或许《指南》研制时,平板电脑或智能手机尚未普及,《指南》对幼儿接触平板电脑或智能手机没有做出明确的要求。

在大陆地区也鲜有看到区域活动中设置"电脑区"的相关信息,而其实在欧美国家乃至港台地区的专业文献中,在介绍区域活动中往往都会涉及"电脑区"等相关内容;至于幼儿在家里玩智能手机,在当前已经是一种比较普遍的现象。幼儿接触平板电脑和智能手机等电子产品,作为幼教工作者该持何种态度?该采取何种有效策略进行干预?看来只能依赖于一线教师进行灵活的把握。但就平板电脑或智能手机与电视机相比较而言,"观看电视屏幕"与"注视智能手机或平板电脑屏幕"的用眼要求肯定是有所不同,智能手机或平板电脑屏幕小、亮度高,幼儿观看距离较短,幼儿注视智能手机或平板电脑屏幕等电子产品的时间,应是比"观看电视"的时间更短。至于具体时间则有待进一步的研究。

在语言领域的"愿意讲话并能清楚地表达"这一目标中,对所表达和交流的语言,除了"普通话"和"本民族的语言"外,增加了"本地区的语言"。例如,3~4岁幼儿"基本会说本民族或本地区的语言",且在3~4岁幼儿表达方面没有强调要学说普通话,只是在4~5岁阶段时要求"基本会说普通话"。本地区的语言,即方言。《指南》提出3~4岁幼儿"能基本会说本民族或本地区的语言"的新要求,其实这是保护方言的最有效举措。曾几何时,幼儿一入园,教师就遵照"学说普通话"的教育使命,严禁幼儿在园说方言,甚至取笑说方言的幼儿。在这样的背景下,方言区所面临着方言的使用与传承逐渐消逝的趋势,已引起人们的日益关注,有识之士甚至提出方言进学校的倡议。

《指南》在"具有文明的语言习惯"目标下,对与人交流时应具备的文明习惯

---

① 李季湄、冯晓霞主编:《〈3~6岁儿童学习与发展指南〉解读》,人民教育出版社2013年版,第65页。

提出了更具体而明确的要求。例如,3～4 岁幼儿"与别人讲话时知道眼睛要看着对方,"4～5 岁幼儿"在别人对自己讲话时能回应",5～6 岁幼儿"在别人讲话时能积极主动地回应"。随着时代的发展与社会的进步,当今人与人之间的联系越来越紧密的情况下,要掌握与人做有效的沟通与交流的能力,首先就应养成与人交流与沟通的良好语言习惯。可以这样说,具有文明的语言习惯是确保沟通交流顺利进行的重要前提。

在社会领域,所提出的"能与同伴友好相处"和"具有自尊、自信、自主的表现"目标中,对 5～6 岁幼儿分别提出,"不欺负别人,也不允许别人欺负自己""与别人的看法不同时,敢于坚持自己的意见并说出理由"。前一条目标是引导幼儿要善于保护自己,对自身的合法权益要有自保的意识。后一条目标所强调的是对幼儿独特个性与思维方式的保护,鼓励幼儿有独特的看法与想法,倡导幼儿个性化发展,而不再简单地以少数服从多数的方式处理幼儿间的意见分歧问题。体现出《指南》目标制定的辩证观点,"社会领域的某些学习和发展目标具有很强的辩证性,因为它们往往既指向个人,又与他人密切相关,不能只强调问题的一个方面而忽视另一个方面"。[①]

## 二、落实《指南》在教育建议上的新做法

在健康领域"具有健康的体态"目标下的教育建议中,提出"烹调方式要科学,尽量少煎炸、烧烤、腌制"。这显然是针对现代幼儿生活中存在着对煎炸、烧烤、腌制食品摄入过多的潜在威胁提出的,特别是煎炸、烧烤食品往往又是幼儿最喜欢的食品之一。而现代医学研究的结论显示,煎炸、烧烤、腌制食品往往含有致癌成分,过多摄入显然对幼儿生长发育,乃至身体健康是有害的。此建议在提醒成人尽量少煎炸、烧烤、腌制的同时,其实也是在让幼儿从小养成良好的饮食习惯。

在"具备基本的安全知识和自我保护能力"目标下的教育建议中,提出"……不把幼儿单独留在家里或汽车里等"和"告诉幼儿不允许别人触摸自己的隐私部位"。显然,这两条建议的提出都是有其现实意义,即针对当前幼儿单独留在家里或汽车里而致幼儿死亡的现象,或不法分子猥亵或性侵幼儿事件的报道时有

---

① 李季湄、冯晓霞主编:《〈3～6 岁儿童学习与发展指南〉解读》,人民教育出版社 2013 年版,第 105 页。

发生。这些残酷的现实不得不引起家长和幼教工作者的重视。提出这样的建议，旨在警醒幼儿的监护者要履行照顾好幼儿的职责以及提高幼儿的自我防护意识。

在社会领域的"喜欢并适应群体生活"目标下的教育建议，提出"幼儿园组织活动时，可以经常打破班级的界限，让幼儿有更多机会参加不同群体的活动"。这一建议的提出，可视为《指南》对更进一步深化区域活动的开展而作出的新指示。《新纲要》曾明确提出，"尽量减少不必要的集体行动和过渡环节，减少和消除消极等待现象"，在这一指示下，一线教师开始大力践行与推进区域活动的开展。

2012 年的《指南》延续了《新纲要》的精神，对幼儿园区域活动的开展提出了新的要求，即鼓励倡导开展跨班级的区域活动，以扩大幼儿与"熟悉又陌生同伴"交往的机会。在此背景下，幼儿园纷纷尝试开展了形式多样的跨班区域活动，如同龄或混龄跨班、共享型等区域活动。

在科学领域的"亲近自然，喜欢探究"目标下的教育建议，提出"容忍幼儿因探究而弄脏、弄乱、甚至破坏物品的行为，引导他们活动后做好收拾整理"。应该说，在《指南》尚未提出这一建议时，在观摩幼儿园科学探究活动中，时常出现幼儿因在探究时太投入，而出现诸如"席地而坐"这样与"卫生保健要求"相悖的问题。在活动评议时，也往往有比较关注幼儿卫生保健的教师提出这样的质疑，即不能因为开展科学探究而将平时的卫生保育工作丢在一边而不管。应该两者兼顾，在活动中发现这样的行为，教师应及时提醒幼儿。

《指南》的这条教育建议，意味着在评价科学探究活动效果时，应将评价着眼于幼儿在活动过程中的投入、专注与坚持，即幼儿在活动中所展示出来对科学探究的兴趣与探究能力上。活动评价应抓住本质，应着眼于活动中最有价值的成分，要学会抓大放小，不能本末倒置。

比如，幼儿在某一感兴趣的活动中，有可能因忘情投入而出现坐姿不端正的现象。也有的老师认为，幼儿在教学活动中一定要有规矩，要有活动常规概念，而且坐姿很重要，否则不利于幼儿身体发育和良好习惯的养成，教师应在活动评价时及时向幼儿反馈。应该说该教师的这个理由没有错，但如果放在具体的活动现场来考量，本活动还有比这个常规更有价值的信息，值得在活动评价环节中交流分享与提升，即呵护与赞许活动中师幼的那种全身心的积极参与，师幼、幼幼之间围绕他们共同关心的话题而展开的心灵与心灵的相互沟通更有价值。

如果在活动评价环节中,教师不去关注本活动中最有价值的成分,而是过分关注幼儿活动中的常规,这难免会有舍本求末之嫌。其实在活动中,只要幼儿的注意、思维、想象、情感等集中于当前的活动之中,幼儿在活动中因忘情投入而出现的一些行为,应视为幼儿活泼好动天性的自然流露,教师不必强求幼儿的每一个行为都中规中矩。如果确实认为有必要对幼儿在本活动中违反常规的表现进行评价,建议可以另择时间进行,比如在次日的早间谈话或当天下午的午间谈话等。

**问**

在幼儿园课程建设过程中，先后出现过"园本课程"和"班本课程"的概念，现在又有专家提出"生本教育"的主张以及"生本课程"的说法。请问，就幼儿园课程角度而言，如何认识与实施"生本课程"呢？

**答**

在幼儿园课程建设沿着"园本-班本"轨道不断推进的背景下，尤其是人们对以幼儿发展为本位的教育主张，以及个性化教育理念在实践层面的不断尝试，在幼儿园课程类型的构建上，生本课程的提出已具备较为成熟的条件。所谓的生本课程，指的是以班级的幼儿经验与认知水平为基础，以幼儿发展为本位，以促进每位幼儿发展为旨归的课程，生本课程立足于幼儿生活世界，致力于幼儿生命质量，其所构建的是适宜每位幼儿发展的理想课程。下面就围绕"为何"和"何为"两个维度就生本课程的构建理由与实施问题，浅谈管见。

幼儿园课程与教学问答 50 例

## 一、生本课程为何?

大家知道,在幼儿园课程建设过程中,在围绕借鉴校本课程而提出的园本课程的称谓曾有过一段争论,但不争的事实是幼儿园课程建设必须经过园本化,唯有经过园本化的处理才有可能使得幼儿园课程走向适宜本园之路。而如果将幼儿园课程园本化的"化"理解为事物发展的过程或状态,那么从"时间-发展"维度来考察,幼儿园课程园本化的最终结果应该是园本课程,只是不同地区、不同园所在园本化进程中受本园师资力量、外部专业支持力度等主客观因素的制约,或许其所形成的园本化结果(园本课程)的成熟程度不一而已。

但是即使在同一园所不同班级的幼儿,由于其家庭背景不同、所居社区环境不同等原因,不同班级间幼儿的生活经验、认知水平也是有差异的。如果基于班级而开展的课程活动是适宜本班幼儿实际的,则各个班级所运行的课程活动轨迹应是不尽相同且各有千秋,此即所谓的班本课程之出现也。

很显然,"园本—班本"这一课程发展的思路是朝着尽量创建适宜生活中具体而鲜活、且特点各异的现实中幼儿身心发展水平的课程活动,而如果将这一思路推向极致,则真正理想状态的课程应是适宜每位幼儿发展的,即生本课程。因而,从课程与学习者关系维度来划分幼儿园课程类型,则依次可以划分为"园本、班本、生本"三个层次。考察了生本课程的提出,发现并非空穴来风、无中生有。在郭思乐教授所提出的"生本教育理念与实践"中,已出现"生本课程"的提法[1]。

在李希贵校长所著的《面向个体的教育》一书中,在介绍他们北京第十一中学的课程改革时,虽未明确提及生本课程,但他说过这样的一段话:"4000 多名学生有 4000 多张课表,他们组合成 1430 个教学班,因材施教的命运从过去教师的手上转到了学生自己的手上。"[2]李校长的这段话,其实就是生本课程在实践层面运行的最好诠释。

在这里借用学者成尚荣在论及班本课程的一段话来说明生本课程目前所处的现状,"尽管当前还没有为班本课程命名,但班本却是课程系统中的一个组成部分,是一种自然存在;班本课程是课程深化中教师们的一种创造精神和能力;

---

[1] 郭思乐著:《教育激扬生命——再论教育走向生本》,人民教育出版社 2007 年版,第 207 页。
[2] 李希贵著:《面向个体的教育》,教育科学出版社 2014 年版,第 2 页。

尽管其合理性、必要性、可行性仍需深入和具体讨论,不过它已经显现出其存在的价值。"①石筠弢也明确指出,"所有实际发生的课程都是具体的;有多少学习者,就有多少不同的课程。"②

　　课程是教育的载体,生本课程是相关理论成果在教育实践中的应用。生本课程是实施个性化教育的直接体现,也是因材施教原则的落地方案与具体行动。从幼儿学习维度来审视,生本课程中所倡导的是幼儿个性化学习,而最新的相关理论为幼儿个性化学习提供了理论依据。多元智能理论表明人的智能结构存在着强弱项领域,智能结构在个体间是存在差异性的,教育应是因人而异,应是立足于个体的最优发展,即"培优扶弱"。

　　学习风格理论揭示了每个人在不同的学习类型中都存在着适宜个体实际情况或个体最擅长的学习方式,与个体学习风格一致的学习活动则使学习效果最佳,反之亦然。在以学定教原则下,幼儿园所提供的课程活动就应该尽可能与幼儿的学习风格、学习优势时间相一致,以最大限度地促进幼儿有效发展。脑科学研究的新成果也证明了学习时间的非同步性,说明学生优势学习时间是存在个体差异的。

　　生本课程是时代发展的要求。在知识经济时代背景下,社会所需要的是具有创新意识的个性化发展的人才。显然地,传统的教育模式已不能满足新时代对人才所提出的新需求。教育应走向尽可能满足个体发展需求、培养个性化发展的个体的方向,推行个性化教育,实施生本课程满足学习者个性化学习已是时代的要求。

## 二、生本课程何为?

　　生本课程是幼儿园教育工作者在课程建设过程不断努力与追求的方向。从某种意义上说,幼儿园课程建设的过程其实就是构建生本课程的过程。这犹如一位工艺师傅在先进工艺理论指导下,沿着时代工艺审美方向,一直在雕琢着一件既精美而富有挑战的工艺品,但却一直无暇给它起个适宜的名字而已。

　　生本课程是幼儿园课程实践形态的一种现实性存在,它并不是一种无中生

---

① 成尚荣:《班本课程的存在价值、准确定位与合理开发》,《中小学管理》2014 年第 11 期。

② 石筠弢著:《学前教育课程论》(第 2 版),北京师大出版社 2014 年版,第 26 页。

有的全新产物。因而,在论及生本课程何为时,不难发觉很多举措其实是处于已经或正在发生的状态,在这里只是再次强调与明确,使得我们在幼儿园课程建设的步伐更加坚定而已。

### (一) 课程理念的定位要凸显个性化

作为在幼儿园课程建设中处于统领地位,起着方向性指引作用的课程理念,在课程理念的凝炼与定位上就应凸显个性化特征。个性化的课程理念的确立,这不仅是生本课程的需要,也是幼儿园课程建设的应然取向。

我们主张,在幼儿园课程建设过程中,应始终确立起这样的课程理念:幼儿是课程中具有鲜明差异的主体,课程是促进幼儿具有个性化的发展。唯有确立起个性化的幼儿园课程理念,特别是立足于课程是促进幼儿个性化发展的这一理念认识,也才可能在实际的课程运行中,自觉地将课程活动目标定位于培养个性化发展的人。

唯此,所开展的课程活动也才能回归到教育的本意,即教育是培养人、促进人发展的活动,教育是为促进人的发展而服务的。比如,某幼儿园课程理念定位为"倡导智慧型教学,追求个性化发展",这样的课程理念就能很好诠释对教师在课程实施过程中应该倡导的教学行动要求,以及在课程效果评价上应立于培养个性化发展的人。当然,这里的"发展"主要是指学习者身心发展,但同时也包括教师的个人成长。

### (二) 课程目标的制定要体现差异性

课程活动中的幼儿是鲜活的个体,正如俗话所说,世界上找不到完全相同的两片叶子。不同的幼儿间不仅存在着经验与认知水平、认知风格上的不同,在个体发展速率上也是不尽相同的。理论上来讲,同一课程活动方案也不可能同时完全适宜两个各方面都极其相似的双胞胎的个体身上。

当然,在实践中也不可能找寻出完全适宜某一个体发展需要的教育方案,外部所实施的课程方案只能在适宜性方面尽最大限度去贴近,尽最大可能去促进幼儿个体潜能获得最佳的发展。以此类推,不同幼儿在同一课程活动中,教师对每个幼儿的发展期望应该也是各不相同的。因而,不管是在阶段性或某一具体的课程活动方案中,在课程目标的设定上应具有层次上的多元化,以尽可能适应不同发展水平的幼儿。

在课程目标设定上体现了幼儿发展的差异性,这是促进幼儿个性化发展,也是生本课程建设的基本要求。因为课程目标是课程运行的出发点与归宿点,课程目标设定的思路不同,则整个课程运行系统也是不同的,能体现个体发展差异性的课程目标,则其在课程实施过程中必然会尽可能去体现适宜不同的个体发展的特点与需求。在课程目标设定的实际操作上,除了在层次上体现较大的弹性范围外,其实在目标取向上应倡导体现过程性目标的思路,而不是过分强调带有浓厚的科学主义色彩的行为目标。

譬如教师带幼儿去旅行,重要的是该旅行是幼儿感兴趣的,幼儿能获得深刻的旅行体验与收获,至于具体是去哪个地方旅行则是次要的,因为有时可能会因旅行的目的地以及目的性太强,对旅行地以及旅行预期效果过分刚性要求,反而会减弱了师幼对旅行乐趣的体验及旅行的热情,甚至会大大削弱旅行后的收获。

### (三) 课程内容的呈现应力求多样化

课程内容是课程活动的具体载体,其承载着课程目标,关乎课程过程的展开的逻辑,课程内容的选择与组织及其与幼儿相互作用关系到既定课程目标的达成程度。如果课程的实施过程中能真正贯彻以幼儿发展为本的指导思想,那么,作为课程活动载体的课程内容的提供就应尽可能做到多样化,且此多样化的课程内容是尽可能基于幼儿的兴趣与需要之上,以让每个幼儿都能够有机会在一定的时空里根据自己的兴趣与需要、已有经验和认知水平来选择适宜自己的活动内容。幼儿在课程活动中如能选其所爱且专于所选,则其必然能从中获得积极的情绪体验与认知发展。

课程内容既包括有形的静态的结果性知识经验,更是包括无形的、动态的且具浓厚情境性色彩的感知与体验。即课程内容除了包括所需学习各种呈外显形态的内容,如艺术作品、体育技能外,也包括幼儿在活动中的各种际遇及其感受等呈隐性形态的内容。基于此,在课程实施过程中,重视环境创设与材料提供的多样性,活动玩法与规则难度的多层次性,活动内容领域涵盖的广泛性,以及基于此而可能发生的各种际遇等都是课程内容提供多样化的具体体现。

当然,课程内容提供的多样性既要重视"量"又要关注"质"。只有同时兼顾到"质"和"量"的多样性的课程内容,才能真正满足幼儿个性化发展的需求,并真正促进幼儿个性化的发展。在课程运行系统中的课程内容的提供上,最好应是犹如自助餐厅上所摆放的多样化的食品,顾客可以依自己的口味与需要自主品尝。自助餐的进餐形式，既可以让顾客吃得饱、有营养，又有进餐时自主选择的满足感与愉悦感。

目前有的幼儿园课程建设过程中，为了凸显本土优秀文化资源在课程中的运用，就存在着课程内容在类型比重上失衡的现象，到处都有所谓的本土优秀文化资源的元素，让幼儿无处可逃，严重存在着审美疲劳现象。其实这种课程建设思路绑架了幼儿在课程内容选择上的自由与自主权利，幼儿不仅体会不到本土优秀文化资源的乐趣，而且会让幼儿因审美疲劳而致课程效果适得其反。

### （四）课程形态的选用应趋向低结构化

课程形态结构化程度高或低，涉及教师的课程观，也直接影响幼儿在课程中的学习质量。高结构课程活动形态，如集体教学活动，由于教师对整个活动的高控，教师在同一时空需要同时面对全班幼儿，这就决定着教师无法很好地关注到个别幼儿，也就很难有针对性地实施因材施教工作，较难促进幼儿个性化发展。因而，在实施生本课程时应推崇低结构化的课程形态。

幼儿要获得个性化发展，就应接受个性化教育。个性化教育是立足于教育要适宜幼儿，通过教育充分发挥幼儿个体潜能，让幼儿富有个性化地发展。个性化教育不等于个别化教育，个别化教育是教育教学的组织形式，个别化教育的结果不一定能培养出个性化发展的幼儿。

如果教师没有因材施教的思路，没有立足于培养幼儿个性化的教育追求与主张，而是采用统一的标准去要求每位学生。那么，尽管是采用了一对一的个别化教育，其教育的结果（所培养出来的幼儿）也会呈现出犹如工厂流水线上所产出的具有某种程度的标准化产品。我们认为，目前而言，能够较好尊重幼儿兴趣，让幼儿有较大范围的自主选择机会，又能体现教师间接指导思路的区域活动和游戏活动是实施生本课程最佳的课程类型形态。

### （五）课程评价的思路应凸显过程性

幼儿园课程运行过程不像中小学课程有明显的"学科知识点"，中小学课程从某种意义上讲更注重结果性的评价，因为其课程实施与评价通常是需要围绕这一明显的"学科知识点"而展开的，对这一"知识点"的学习理解与掌握便成为评价的重点与归宿点。而幼儿园课程所独具的过程性、活动性、经验性的特质，决定着课程评价应走向过程化。

立足于活动过程的课程评价，能够及时给活动中的幼儿以明确的反馈信息，有助于幼儿能及时从教师那里获得有效的支持和帮助，从而提升幼儿在活动中的学习质量；立足于过程中的课程评价，将评价渗透于活动过程之中，这是一种化整为零的评价方式，可以扩大评价的受众面，可以使得教师更从容地对每个幼儿做出适宜的活动评价，教师也能获得更多的评价信息，使课程评价更能发挥起促进课程改善的功能。

以上所阐述的实施生本课程的五大要素是相互联系的一个整体系统，有了个性化发展的课程理念作指导，才能制订出在同一活动中体现出幼儿间发展差异性的预期效果，有了差异性的课程目标也才能为幼儿提供多样化的学习内容，实施低结构化的活动形式及采用关注过程性的课程评价方式。这五大要素只有协调运作，才能彰显出生本课程的基本特征，才能真正地对幼儿实施个性化教育，培养出个性化发展的幼儿。

# 04

# 如何确立幼儿园的办园理念

我现在负责筹办的幼儿园，目前正在进入园内二次装修阶段，拟在明年秋季正式招生。我最近在考虑我们园的办园理念问题，也从网络上查阅并学习了一些幼儿园的办园理念，觉得要比较准确而精炼地提出适宜本园的办园理念还是挺困难的。想请教一下您有什么好的建议吗？

考虑这个问题可能要先厘清办园宗旨、办园定位、办园理念、办园目标、园风、园训等几个常见概念。

办园宗旨所回答的是幼儿园举办者和经营者办园的主要动机与目的，即为什么要举办与经营这所幼儿园？举办与经营这所幼儿园是为了什么？办园宗旨应该说是办园的最高指导思想，决定着幼儿园办学方向、办学定位与办学质量。在确定办园宗旨时我们应该不断地追问：为什么要创办这所幼儿园？这所幼儿园的历史传统是什么？为什么会形成这个传统？这所幼儿园积淀了哪些文化？它的发展脉络怎么样？所积淀的这些文化的价值追求是什么？等等。

　　如某幼儿师范高等专科学校(简称"幼高专")的办学宗旨:"学校坚持社会主义办学方向,全面贯彻党和国家的教育方针,以立德树人为根本任务,遵循高等教育规律,统筹规划,科学发展,把学校建成高水平幼高专特色名校。"广东省民办信孚教育集团的办学宗旨:"坚信教育完善人生,深孚民族振兴期望。"广东省东莞民办东方明珠学校的办学宗旨:"全面育人、打好基础、发展个性、培养特长、服务社会。"有的幼儿园提出"办人民满意的幼儿园"的办园宗旨。

　　办园定位所回答的是办园的班生规模、办园的服务面向、办园的质量要求、在同行中所处位置乃至民办园的收费标准等。如某幼专附属实验幼儿园的办园定位是"创办省内一流、国内知名的高品质示范性公办幼儿园、0~3岁早教服务中心和社区早教服务示范基地、学前教育教学与研究中心和幼专学前教育专业教学与科研实验基地";有的幼儿园的办园定位是"办成具有普惠性质的有质量的幼儿园"或"办成高品质国际化的幼儿园";等等。

　　办园理念指的是幼儿园举办者和经营者办园所秉持的科学的教育理想和教育信念,办园理念指导着幼儿园运行与发展的基本方向。办园理念对办园特色的形成起着引领和支配的作用,办园特色的形成过程其实就是园所行政领导通过协调和控制,在全体教职工共同配合下,将办园理念付诸实践,并在长期的发展历程中逐步积累和形成的。课程建设、环境创设方面的理念,或是幼儿园师资队伍建设与管理、幼儿园办园质量等方面的理念,这些都是办园理念的下位概念。如上海市江宁学校的办学理念"'务实创新,健康向上',一切服务于学生和教师的未来发展";北京第十九中学办学理念是"为孩子幸福人生奠基";厦门一中的办学理念是"构建'三型(学习型、创新型、信息型)'校园,创设发展平台";还有的办学理念是这样表述的,"为每个孩子创造美好未来""教育的成功在于使每个受教育者的潜能得到充分的发展""以追求科学精神和人文关怀为理想目标,实现人的多样化发展和自由人格的形成""愿每一天每一个孩子都健康快乐成长"。

　　郭元祥认为[1],"办学理念,即学校发展中的一系列教育观念、教育思想及其教育价值追求的集合体,是学校自主建构起来的学校教育哲学。""办学理念的内核是学生观、教育观、学校观。从一个合理的、与时俱进的、清晰的办学理念中,我们能够解读出学校所具有并达到的学生观、教育观、学校观、价值观以及教师

[1]　郭元祥:《论学校办学理念》,《教育科学论坛》2006年第4期。

观的先进程度。"他认为"为每个孩子提供一生都值得回忆的优质小学教育"这样的办学理念，"具有较强的可解读性和包容性的特点"。因为人们从中至少可以认识到："以学生为本的理念、终身教育的理念、关注学生终身发展的愿望和能力的价值观、学校是影响学生一生的发展组织的学校观、追求优质和卓越超越平庸的教育质量观等丰富内涵，它没有标签式的'示范'或'特色'或'名校'等功利追求，切实体现了以人为本的学校发展观。"

办园目标指的是幼儿园举办者和经营者对幼儿园办学质量的总体效果的一种期待，或是对幼儿园未来办学整体效果的一种预期设想与规划。办园目标主要包括三个要素——方向、程度、时间，其表述格式可以概括为：……把幼儿园办成……类型幼儿园。如上海市江宁学校的办学目标："把江宁办成为'教学有特点、学生有特长、学校有特色'的'学生欢迎、家长满意、社会认可'的精品学校。"北京第十九中学办学目标："建设全面优质的理想学校。"

园风是经过幼儿园全体成员长期努力而形成的一种行为风尚，是师生员工的思想、道德、纪律、作风、治学态度、精神风貌等的综合反映和外在表现。它既是整所幼儿园文化的集中体现，更是由长期工作学习乃至生活在幼儿园的教师所创造出来的，一种能够影响园中每个个体行为的文化惯习。园风是无形的，但往往又以一种有形的方式存在于幼儿园教职工身上，即教职工所表现出来的工作态度与工作行为。如"尊重、平等、合作、共享"或"文明、严谨、勤奋、创新"等。

园训指的是幼儿园教职工时刻应该记住的一种警示性的训条，带有督促、提醒与规约的性质，是全园教职工的共同追求和努力方向。园训往往是以词组的形式来表达的。应该说幼儿园教职工将这种警示与规约内化成了自己的行为准则，并形成一定的氛围，即园风。如北京第十九中学的校训是"好学、力行、知耻、至善"，同济二中的校训是"风雨同舟，自强不息"，泉州幼高专校训是"自强进取，树己树人"，江苏省太仓沙溪高级中学的校训是"勤、谨、信、进"，厦门一中校训是"勤、毅、诚、敏"，晋江市四实幼的园训是"严谨、友善、和谐、发展"。

以上均属于精神层面的幼儿园文化，且是密切联系的一个有机整体。其形成一是要基于对教育的理解，基于对自己幼儿园情况的具体分析；二是要得到全体教职工的认同，并变成他们共同的追求与自觉的行动，这样的幼儿园文化才是有生命力的。

# 05

## 如何规划好乡镇中心园的办园特色

问

我们园是乡镇中心幼儿园,园区面积和活动室空间都比较大,目前已开办了3年,但老师都是5年以下教龄,且有三分之一左右是非在编教师,我们当地教育局要求各幼儿园要做到"一园一特色"。想请教一下如何规划适宜本园的办园特色呢?

答

先讲几句题外话,现在很多教育行政部门常用"特色"一词作为重要的评价标准来要求园长们,使得许多幼儿园为"没有特色"或"特色不彰"而苦恼。尽管有专家对办园特色的创设给出过具体的思路,即"人无我有、人有我新、人新我特、人特我精",但实际操作起来还是令园长们伤透脑筋。其实,国内也有些知名幼教学者已经公开撰文表示,对幼儿园来讲,行政主管部门所提出的"一校一品""一园一特色"要求是不科学的。

另外,在这里有必要说一下特色办园与办园特色这两个专业术语的区别。目前关于"特色学校"与"学校特色"的关系是有争议的,本文认可郑有训等学者的相关观点。郑友训认为："'特色学校'的特色是在质的方面的表现，而'学校特色'的特色是在量的方面的超越，即'特色学校'必然是有'学校特色'的学校；但有'学校特色'的学校并不一定就是'特色学校'，学校只有从整体上形成了自身的独有风格才有可能成为'特色学校'。"①赵刚认为："学校特色是单一的，特色学校是整体的。"再如，楚江亭认为："'学校特色'是初级形态的，'特色学校'则是高级形态的，'学校特色'是较低层次的概念，'特色学校'则是较高层次的概念，是'学校特色'的提升。"

刚才听你介绍，我可以用一个不是很恰当的比喻来说，你们幼儿园其实是还处于"保温饱"，还未达到"小康"水平，但不是说在"保温饱"水平就不能憧憬与规划"小康"的生活状态。生活总是要有明确目标，工作肯定要有奋斗方向，但也只有在目标可行、方向正确的前提下，日子也才能过得充实而有成就感。你们想好好规划与打造适宜本园的办园特色，这是一件好事情。关于如何规划好办园特色问题，个人的建议如下。

第一，最切实可行的办法就是将"保基本"与"创特色"两者相统一起来，也就是说在"保基本"的同时，就是在"创特色"，"创特色"是立于"保基本"的基础之上。因为，作为幼儿园的办园特色，其最集中体现的往往就是幼儿园在课程建设方面的特色。

那么，对幼儿园教育来讲，"保基本"就是要贯彻保教并重原则，促进幼儿全面发展，也即要保证幼儿园各课程类型在实施过程中的全面性。在幼儿园各课程类型中，主要有游戏活动、区域活动、教学活动、生活活动，其中所谓的教学活动往往就是领域集体教学活动。这些活动类型共同构成幼儿园课程活动体系，在实际操作中，可以根据实际情况有所侧重，但整体不可偏废。

第二，再从这些应该开展的基本活动类型来考虑，可以结合本园实际，比如本园师资质量、周边可利用的社区资源等条件，认为最有可能在什么活动类型上"有所侧重"，并逐步朝着"创特色"的方向前进。我们可以采用排除的方法来进行思考，如果侧重"生活活动"方向，即拟以"生活课程"为特色，这是可行的。但由于"生活课程"更多是采用渗透方式、是需要长期的积累，是一项"润物细无声"的工程，且课程成效相对比较隐性，不凸显，不够吸引人们的眼球，更主要是比较难以获得教育主管官员或所谓的评估专家的认可。

---

① 吕星宇：《如何创建特色学校——特色学校创建文献综述》，《教育科学研究》2017 年第 2 期。

如果是往五大领域的方向发展，比如走艺术、科技、体育与健康特色，个人觉得一是以领域入手来构建幼儿园的课程特色，这方面成功的案例已经有很多，现在依然从这个维度来考虑的话，显然时代性不强，缺乏新意，且拓展空间不大，难以突破。当然，如果你们确实在领域中的某一方面已做得很不错，教师做得也很有感觉和很有信心，那么，从这个已经做得不错的领域去考虑你们的特色也是可行的。

二是如果你们幼儿园决定走艺术特色（如音乐、美术、戏剧或是综合艺术）或是体育特色的话，那么，你们更要考虑本园教师是否具备支撑这些拟成为课程"特色"的专长。

三是走领域特色，领域特色无非体现在"领域的形式"和"领域的内容"上。从"领域的形式"来说，即领域特色在具体的实施过程中，往往是依赖于集体教学活动的形式来开展，而如果集体教学活动形式所占的比重过多的话，显然是有悖于当前幼儿园课程建设的基本路向；若从"领域的内容"维度而言，如果在领域内容的处理上出现过深、过细的话，则又很容易被诟病为有"小学化"倾向。

因而，个人倾向于往区域活动和游戏活动这两种活动类型去考虑课程特色。特别是将区域活动与游戏活动相结合起来，即走游戏活动和区域活动游戏化这一发展方向。

其主要理由：一是游戏活动是幼儿园课程区别于小学课程的重要标志，游戏是幼儿园基本活动形式与活动内容，游戏也是学龄前儿童主导的活动方式。可以比较夸张地说，幼儿园游戏活动质量在某种意义上就是幼儿园课程质量，而课程质量又是教育质量的最集中、最主要的体现。《幼儿园教师专业标准（试行）》在专业能力中明确指出，幼儿教师应具备"游戏活动的支持与引导"的能力。

二是在乡镇中心幼儿园大力开展游戏活动和游戏化的区域活动，让幼儿在"玩中学""做中学"，这除了可以将幼儿园教育教学的特质凸显出来，更主要的是最能体现出幼儿园以实际行动抵制与防止幼儿园教学"小学化"的倾向。

三是乡镇中心幼儿园园区和活动室的空间面积一般比较大，这对游戏活动和区域活动，尤其是户外游戏或区域活动的开展提供了重要的物质基础。

四是相信你们只要给幼儿足够的活动空间、活动材料、活动时间，幼儿就会玩起来，而且你们会发现原来幼儿可以玩出这么高的水平出来，你们会为幼儿在游戏或区域活动中所展示出来的各种能力而感到惊讶。

五是游戏活动和游戏化的区域活动需要研究的内容以及可拓展的研究空间

较大,值得幼儿园老师开展系列性的专题探索。相信在持续的专题探索中,幼儿园自然而然可以在游戏活动或游戏化区域活动中的某个方面的成效做得扎实、凸显,比如在游戏内容上有机融入本土特色资源、在班际(同龄跨班或混龄跨班)区域活动(游戏活动)或是在户外区域活动(游戏活动)开展上富有成效等,这些成效既扎实又凸显的活动,就可以称之为本园的课程特色。

第三,如果有意向往游戏活动或游戏化的区域活动这个方向侧重,建议你们幼儿园要就此课程特色建设方向作一个整体性方案,即顶层设计,进行有目的、有计划、循序渐进式的系列研究。

第四,比如先研究幼儿园各年龄段区域活动内容设置、材料投放与环境创设问题,再研究各年龄段区域活动的观察分析与推进指导策略问题。前面这两个问题的研究,建议要善于去学习与借鉴别人已有研究成果,多阅读、多思考、多实践、多内化,力争将别人的好做法、好经验通过自己的实践进行高质量的内化,并在学习、借鉴、实践、内化的过程中,形成自己的新经验与新做法。上述这两大问题的研究时间,如果用一学年实践探索、一学年验证总结,大致也得花上四学年的时间。幼儿园老师都能将各年龄段班级区域活动的组织与指导问题弄清楚后,可以再用一学年时间去考虑班级各区域活动间的联系,班级区域活动与其他课程类型的融合,以及园内区域活动与园外课程资源的关系等问题,即进行所谓的"生态式区域活动"的实践探索。在第六学年考虑探索同龄跨班区域活动,第七学年再来研究异龄跨班区域活动……

第五,我想如果你们能够沿着这一方向持续做下去,相信你们幼儿园的区域活动或游戏活动肯定会成为你们园课程建设的强项与亮点,你们园所梦寐以求的特色之花。

总之,幼儿园的办园特色,这一"特色"之花是从幼儿园这片土壤中"长"出来的、"创"出来的,而不是"画(写)"出来、"想"出来或简单地"仿"出来的。

# 06

## 如何规划好新办园课程特色建设工作

问 .....................

我们园是明年9月份正式开办,我现在思考的是我们是新办园,且绝大多数的教师又是新手,在这种情况下该如何去规划与打造我们幼儿园的课程特色呢?

答 .....................

在这里,先就课程特色与特色课程这两个专业术语做个简单的区别。有研究者指出,所谓的特色课程,指的是一所学校开设的不同于其他同类学校的具有独特性的课程,"人无我有"是其比较凸显的基本特征。而"课程特色,是指与同类学校相比较而言,某一所学校在实施同样课程的过程中,其实施策略、实施手段、实施方式和方法、实施结果的评价等具有有别于其他同类学校的质的差异性和优质性,因而具有课程"特色"。其基本特征集中地和鲜明地表现为"人有我优"。①

依此界定,则所谓的幼儿园特色课程是一个完整的课程模式,其应包括课程目标、内容、实施与评价四个基本要素,其特色体现是在所构建的课程模式之中;

① 龚海平:《论特色课程与课程特色建设》,《江苏教育研究》2014年第10A期。

而课程特色,指的是课程实施方面的特色,即课程教学特色。概言之,特色课程是整体的,课程特色是局部的。

明白了课程特色的内涵之后,我们再来进一步讨论如何规划与打造适宜本园的课程特色问题。建议你们先暂时不要去考虑太多有关打造课程特色这方面的问题,我更希望你们在课程实施与建设方面,从最基本的、最基础的工作做起。比如,幼儿园如期开办后,在幼儿园课程实施与建设过程中先把握好如下三个基本问题。

一是确保课程实施的指向是促进幼儿的全面发展,也就是说各领域学习活动、游戏活动、区域活动、户外活动等类型或活动内容都要开展,可以根据实际情况有所侧重,但整体不可偏废。

二是确保课程实施是与幼儿的经验是相匹配的,所开展的课程活动尽可能以幼儿的经验为基础。

三是确保所运用的课程资源,包括物质材料或非物质资源尽可能是本土的。比如同样是故事学习活动,假如幼儿园所在的地方有很有价值的民间故事,且假设这个民间故事是幼儿可接受的、所感兴趣的且具有较高的文学艺术价值,那你们老师在给小朋友开展故事学习活动中的"作品"就未必一定是来自所谓的省编教材,就可以直接选用刚才所说的那些很有价值的民间故事作品。

如果你们先把课程实施与建设的三个基本方向遵循了、坚持了,我相信随着时间的推移、教师专业水平的提升,特别是课程素养的提高,你们园的课程特色肯定会自然而然地显现出来。现在我们所担心的是,有不少的幼儿园在课程实施与建设过程中,一些基础性东西没做好,《纲要》和《指南》的精神没有贯彻好,都在忙碌着或是挖空心思盘算着怎样打造课程特色,离开了促进幼儿全面发展的这一根本目标,离开学习领域的均衡性与整体性,为特色而特色的所谓的"课程特色",其所带来的只能是幼儿的片面发展。

这样的现象现在貌似司空见惯,见怪不怪。比如有的幼儿园号称是"绘本课程特色",以绘本为载体的集体教学活动占了很大比重,这样做合适吗? 其实,我们可以做一个简单的算术题目,假如一学期 18 周,1 周 5 个集体教学活动时间,幼儿园假设就只有 5 个领域,从理论上来说,分到语言领域也就仅有 18 节,18 节语言领域集体教学活动,如果再分到绘本集体教学活动的节数,至多不超过 3 节。幼儿在园的时间是个常量,这个绘本活动时间比重大了,必然意味着幼儿学习其他领域的内容或开展其他类型活动的时间必然相应减少了,这样的课程结构,如果长此以往,其所带来的必然是一种有所缺失的"畸形"发展。

# 07

## 如何做好民间传统文化资源研发工作

问

　　最近有个疑惑一直困扰我——来省里听交流会,有的园长很注重挖掘当地资源来做学园特色课程。走访了很多幼儿园,惠安女的布置从一楼到顶楼,土楼的图片全园贯穿,三坊七巷让学园就像一条古街……从民间传统文化资源入手来打造幼儿园的特色课程,似乎是最直接、最能吸引人们眼球的。但我比较茫然的是,在这些显性的课程资源的背后,孩子去哪儿啦? 这些颇具特色的资源真的是孩子真心感兴趣的吗? 适宜的吗? 我想请教的是到底幼儿园该如何做好民间传统文化资源的研发工作呢?

答

　　儿童生活的地域文化与儿童的生长生活存在密切的关系。民间传统文化是当地人民长期生活积累的产物,具有深厚的文化底蕴,蕴含着丰富的文化价值、教育价值和促进儿童发展的价值,是儿童精神成长的根基。在深化幼儿园课程园本化建设的背景下,民间传统文化引入课程已逐渐成为幼儿园课程建设的重要内容。但是,正如问题所示,当前幼儿园在利用民间传统文化资源过程中,确实出现了一些比较普遍性的偏差现象，现就此问题谈谈个人的看法①。

# 一、当前幼儿园在开展民间传统文化资源进课程中存在的问题与原因

## （一）课程资源挖掘：表面与单一

1. 资源价值挖掘不够深入。

幼儿园在开发和利用民间传统文化资源的过程中，存在对资源价值认识与利用停留于表面化、浅层次的现象。其主要表现为：一是在利用民间传统文化资源的过程中，未能很好地将之与幼儿的实际生活建立起一种持续互动与有效联系的机制，民间传统文化资源与幼儿现实生活存在着某种程度上的割裂，未能充分发挥起民间传统文化资源的教育价值，间接地导致资源浪费现象。

在实践中不难发现，在有关民间传统文化资源教育活动中，在面对教师所提供的来之不易的活动材料，幼儿的兴趣往往是昙花一现，尽管在老师的引导下，幼儿可以与这些资源作短暂、表层互动，而当活动一结束，这些教师煞费苦心搜集的材料和幼儿自身所获得的浅表学习经验很快地脱离了其生活轨道，成了环境中"视而不见"的摆设、与生活无关的"死知识"。如在某大班开展的"（泉州）蟳埔女簪花围"民间手工制作活动中，教师提供了大量的材料供幼儿操作，但幼儿在完成作品后便很少问津起此话题。

二是教师较注重挖掘民间传统文化资源的结果性教育价值，忽视其过程性教育价值，即忽视了幼儿在与民间传统文化资源互动过程中的感受与体验等隐性教育价值。如在幼儿园开展学习民间童谣的活动时，教师常见的做法是直接预设了童谣内容，并在活动中变着花样（全班集体合念、小组或男女比赛念、教师幼儿合作念）让幼儿反复朗诵童谣，其主要活动目标也仅局限于这样的结果，即让幼儿熟悉或背诵童谣。

而事实上，教师可以在开展该童谣学习活动之前，动员幼儿通过多种途径去收集与学习自己所感兴趣的有趣的童谣，并创造机会让幼儿所收集的童谣在班上进行交流与分享，这样的课程活动设计思路就将"过程性的教育价值理念"彰显出来，幼儿所学到的不仅仅是会念童谣，其所获得的可能还有主动探究、收集、

---

① 黄碧凡、吴振东：《民间传统文化资源在幼儿园课程运用中存在问题的思考》，《幼儿教育研究》2017 年第 4 期。

学习的体验,乐于并大胆与他人分享美好事物的乐趣。

2. 资源类型研发过于单一。

幼儿园在对各项民间传统资源进行筛选与运用时,窄化了民间传统文化资源的范畴,对所能利用的资源缺乏全局性考虑,出现所选用的载体、资源类型研发过于单一的现象,此举不仅忽视了其他资源的利用,而且要求本已单薄的载体去承载丰富的课程内涵,如某些幼儿园以当地民间一个文化现象为载体(如武术、木偶),并要求所有的课程活动都要与这一资源有关联,导致资源挖掘过度或过于牵强。

上述两大问题存在的原因,可能是由于教师对于为什么要将民间传统文化资源运用于课程建设的意义理解不够到位。并且在开发利用过程中停留在对别人做法作简单模仿的阶段,即知其然而不知其所以然,进而导致陷入表层次的、粗糙的、低效的资源开发泥塘。

### (二) 课程实施途径:泛化或孤立

幼儿园在运用民间传统文化资源的过程中,存在泛化或孤立各实施途径间的相互联系。其中,泛化问题主要体现为:幼儿园将民间传统文化资源的内容生硬地嵌入到课程实施的各种途径中,同一个活动内容在教学活动、游戏活动和生活活动中都要呈现,这不仅导致教育资源的浪费,也影响了其他教育内容的实施。

如当下幼儿园区域活动的开展为了体现特色,纷纷采用加入民间本土资源的做法这本无可厚非,然而一些幼儿园出现了将所有区域都冠以(渗透)民间传统文化的做法,所有的区域活动内容设置和材料投放都要体现本土特色,这是不是使区域活动在内容设置和材料投放上从原本是多元走向了单一? 是不是大大地窄化了区域活动内容选择和材料投放的空间? 其所带给幼儿的经验是不是有可能导致单一而片面,而不是越来越多元、越来越丰富、越来越生动、越来越个性的危险? 而孤立问题则主要体现为:教师将集中活动、区域活动或生活活动中所开展的民间传统文化内容相互割裂开来,内容上缺乏整合与联系;更有甚者采取单一的途径进行实施,如将传统文化内容全部通过教学活动集中进行,或全部通过区域活动途径实施。

幼儿园在课程实施途径所存在的分散用力或劲使一处的极端做法,显然都是不可取的。课程实施途径是幼儿在课程活动中获得有益经验的重要来源,幼儿在活动中所获得的经验,应是呈有机联系的整体,才能更好地发挥其促进幼儿身心发展之作用。而幼儿整体性经验的获得,是与经验本身的呈现方式以及主客体互相作用关系分不开的。因而,通过课程活动而呈现给幼儿的经验应是有机而整体,而非零散或简单的重复。事实上,课程实施的各种途径是相互联系的,并共同服务于课程目标而非各行其是地割裂关系,如果幼儿园忽视了这点难免会导致上述问题出现。

## 二、解决当前幼儿园在开展民间传统文化资源进课程中存在问题的策略

### (一) 深化认识,挖掘民间传统文化资源的深层价值

1. 深化民间传统文化资源"真正进课程"的认识。

将民间传统文化资源引进幼儿园课程,这是幼儿园课程应该履行的"文化使命",其更多的是基于一种教育需要的考量,而非幼儿的兴趣使然。可以这样说,对幼儿来讲,民间传统文化是属于一种"古老的故事",这一"古老的故事"与幼儿当下生活所演绎的"现代的故事"是有一定差距的,如何将这两个不同版本的故事巧妙地建立一种有机的联系,让"古老的故事"能走进幼儿当下的生活世界,让"古老的故事"有当下幼儿参与的身影,让"古老的故事"能够有机地融入现代生活的气息,这其实是教师需要认真考虑的问题。

因为只有让幼儿的兴趣、经验与"古老的故事"有机嫁接起来,才能真正激起幼儿对"古老的故事"的兴趣,唯此,"古老的故事"才能真正走进幼儿的生活世界,民间传统文化也才算是真正走近并走进幼儿园课程。换句话说,让幼儿"学会"民间传统文化是容易的,而让幼儿"爱学"民间传统文化是不易的,而只有让幼儿达到"爱学"这一层面,才能说民间传统文化资源进幼儿园课程是成功的或是有实效的。反思当前幼儿园实践,很多教师只是让幼儿处于"学会"而非"爱学"的层面,也即民间传统文化资源只是"走到"幼儿面前,并未"走进"幼儿内心。因而在幼儿园课程实践中,存在着民间传统文化资源价值挖掘不够深入等问题也就不足为奇了。

2. 构建民间传统文化资源与幼儿的现实生活间的有机联系。

在全球化及日新月异的科技冲击带给幼儿越来越高的刺激阈限的时代背景下,我们将具有历史性、相对静态性特点的民间传统文化资源引进幼儿园课程活动中,如何让民间传统文化资源这一"古老的故事"真正走进幼儿的当下生活世

界呢？也即构建起民间传统文化资源与幼儿的现实生活间的有机联系，这是值得大家思考的现实问题。

我们认为，在课程实践中应对民间传统文化资源的内涵进行富有时代性意蕴的提升，使"升级版"后的这一"古老的故事"能够与幼儿"现代的故事"建立起有机的联系。具体而言，教师在开展民间传统文化活动过程中，在课程实施取向上应从"结果导向"转向"过程关注"，即应更加重视民间传统文化教育活动过程中对有利于促进幼儿全面可持续发展的各种价值元素的挖掘。在具体活动实施中，教师应着力去创造一个能激发幼儿主动学习的环境，并力求将各种相对静态的民间传统资源所蕴含的知识、技能及品德，还原为幼儿可以通过多感官来操作、探索而获得的经验。为此，才能将民间传统文化资源与幼儿的现实生活较好地联系起来。

以前述"蟳埔女簪花围"活动案例为例，可以将制作蟳埔女簪花围活动内涵拓展到"打扮自己"→"美化环境"→"爱美好的生活"层面上，如此一来，"蟳埔女簪花围"这个"古老的故事"便与幼儿"爱自己、爱环境、爱生活"这个"当下的故事"建立了有机的联系，"古老的故事"（民间传统文化活动内容）对幼儿生活得以产生持续性的深远影响。

**（二）建立课程审议制度，把握资源研发的适度原则**

导致民间传统文化资源引进课程时存在资源研发类型过于单一的现象，其主要原因乃是幼儿园课程资源研发工作缺乏必要的课程审议制度。幼儿园课程资源的研发过程，其实就是一个价值判断与筛选的过程，作为幼儿园课程的相关利益者，如教师、园长、幼儿、专家和家长等理应参与进来，并通过集体的反复讨论、权衡，最终做出恰当的抉择。可以这样说，课程审议制度是课程资源研发质量的重要保障。

为此，我们认为，幼儿园在开展民间传统文化资源研发过程中，一是应选择具有代表性的园内外成员共同组成课程审议小组，尤其应邀请园外课程专家和教育行政人员、家长的参与，以提升审议的科学化水平。课程资源开发人员需有课程资源研发的全局意识，应立足于新时期课程改革和所在园的社会文化生态大背景考虑民间传统文化资源开发问题，力求使所选取的课程资源载体既有典型性又具多元性，避免资源研发类型单一的现象。

二是应采用多种课程审议形式，以提高课程审议成效。如根据课程资源研发的不同阶段针对性采取不同形式的审议类型(论证性审议、选择性审议、展开性审议、形成性审议以及判定性审议)[①];根据幼儿园的实际,于不同时期开展不同层次的课程审议(班内的审议、班际的审议与园际的审议),以避免因过分依赖于具有"开展次数少、审议内容大"特点的园际审议,而贻误随时可能出现的班级层面课程资源研发问题的解决,或因过分倾向于具有"随机性、主观性"特点的班内审议而使课程资源研发可能陷于脱离园本资源研发总框架的危险。

三是为防止课程审议制度形同虚设,幼儿园管理者还应注重营造多主体积极参与的民主课程审议研讨氛围,让大家想说、敢说,使课程审议真正起到监督和提升课程开发质量的作用。

### (三) 优化课程实施途径,做朴素和有内涵的学前教育

鉴于幼儿园在民间传统文化资源实施途径选择上出现泛化或孤立的现象,我们认为,一是应树立"以幼儿发展为本"的园本课程开发观,利用民间传统文化资源真正地做朴素而真实的、有内涵的学前教育,防止民间传统文化资源在利用的过程中动机异化,即追求"量"层面的感官刺激以赢得成人的"哇"时刻。

二是要明确各种课程实施途径的特点及利弊,结合所选择的资源蕴含的教育价值类型及其幼儿接受的最佳方式选择活动实施途径。传统教学活动与注重探究、人际交往、体验的游戏活动、生活活动各有其优点与局限性,应避免单一途径实施民间传统文化课程内容,注重运用多元的教育活动形式实施课程,以发挥一日活动各环节的整体功能来促进幼儿发展;反之,也要避免将所有活动形式都冠以传统文化的内容,陷入"多多益善"的课程实施误区。

在实践活动中,前者已引起广泛关注,而后者却有待重视。针对当前众多教师热衷于探索如何将民间传统文化内容引进区域活动、教学活动或融入环境创设,并将主要精力集中于讨论"把什么资源引进区域? 引进教学?""开发了什么? 创设了什么?"等问题时,也有睿智的学者提出应该将视角转变为"我们的课程理念是什么? 我们的孩子是如何学习和游戏的? 我们的资源开发给孩子的核心素养提升带来了什么?"。如果幼儿园能在这样的视角下着手进行园本课程的建设与开发,那么当前民间传统文化资源在幼儿园课程运用中存在的许多问题便可以避免了。

---

① 虞永平:《论幼儿园课程审议》,《幼儿教育》(教育教学班)2008 年第 11 期。

某幼儿园在开展民间传统（体育）游戏进课程的实践探索，在现场教研观摩中出现了两种截然不同的观点，有的认为应该保持民间传统（体育）游戏的固有玩法，要保证所呈现或传递给幼儿的有关民间传统（体育）游戏的玩法是"原汁原味的"；有的则认为可以让幼儿根据自己的兴趣、需要和已有经验，对所接触的民间传统（体育）游戏进行适当改编。想请教一下您个人对此问题的看法是什么？

其实我们在对待民间传统文化资源时，我们一贯秉持的基本观点就是"传创"，即既要创承，又要创新。而如果没有对传统文化资源进行与时俱进的"改编"，何来"创新"呢？

将民间传统（体育）游戏引进幼儿园课程，其更多的是基于教育需要的考量，即幼儿园课程应该履行的"传承文化"的教育使命，而不是幼儿的兴趣使然。可以这样说，对幼儿来讲，民间传统（体育）游戏是属于一种"古老的故事"，这一"古老的故事"与幼儿当下生活所演绎的"现代的故事"是有一定的差距的，如何将这两个不同版本的故事巧妙地建立一种有机的联系,让"古老的故事"能走进幼儿当下的生活世界,让"古老的故事"有当下幼儿参与的身影,让"古老的故事"能够有机地融入现代的气息? 这些其实是教师需要认真考虑的问题。

因为只有让幼儿的兴趣、经验与"古老的故事"有机嫁接起来,才能真正激起幼儿对"古老的故事"的兴趣。唯此,"古老的故事"才能真正走进幼儿的生活世界,民间传统(体育)游戏也才算是真正走近并走进幼儿园课程。换句话说,要让幼儿(学)会玩民间传统(体育)游戏是容易,而要让幼儿爱玩民间传统(体育)游戏却是不容易。而只有让幼儿达到"爱玩"的这一层面,才能说民间传统(体育)游戏进幼儿园课程是成功的或是有实效的。幼儿能基于自己的经验、兴趣对民间传统(体育)游戏进行改变(改编),说明他们对民间传统(体育)游戏的学习不是被动的,而是主动的,已经具有初步"爱上'古老的故事'"的情感基础,幼儿的这种行为理应得到的老师的肯定鼓励与支持。

而持必须将民间传统(体育)游戏的玩法应尽量"原汁原味"地传递给幼儿这一主张者,估计是担心因默认幼儿的改编而坏了幼儿对民间传统(体育)游戏的认知,担心学习到的"知识"是有误的。这其实是教师"知识传递"使命过于浓烈而致。殊不知,我们对幼儿进行民间传统(体育)游戏的"教育",最为重要的目的是激起幼儿对民间传统(体育)游戏的兴趣。须知幼儿有了兴趣,你还用担心他所接受的有关民间传统(体育)游戏的玩法是"错误的"吗? 幼儿如果有了兴趣,他长大了,自然就会懂得"原汁原味"的民间传统(体育)游戏的玩法到底是怎么玩的。李季湄在《〈指南〉解读》一书中说了这样一句话,"会了动作而坏了情绪"。套用这一说法,我们在实践中千万别犯了这样的错误:"会了技能坏了兴趣。"

# 09

如何开展好儿童博物教育工作

问

现在有的幼儿园在进行儿童博物教育研究的尝试,即通过依托幼儿园创建的"儿童博物馆"开展相应的教育活动。我也曾听过有的园所在介绍他们园有关"儿童博物馆"建设与做法这方面的经验,但说实话,我对他们园为什么要做"儿童博物馆"以及开展博物教育这方面的认识,至今还不是很清楚,您能给我讲解一下吗?

答

幼儿园在园内建设"儿童博物馆"或称之为"宝宝博物馆",其实可以先将之放在课程资源研发这一层面来理解。我们主张,幼儿园课程活动要有课程资源做支撑,也特别强调幼儿园老师在课程实施与建设过程中要善于去挖掘周边可利用的课程资源,并对这些可利用的课程资源进行"加工处理",使之成为能够与幼儿互动的、为幼儿所用、对幼儿经验丰富与能力发展有益的课程活动载体。

之前在对周边可利用的课程资源的研发与利用上,特别是在资源收集与整理工作上，对资源本身所具有的完整性、系统性方面比较忽略，导致幼儿对课程资源的认识比较片面。再且，对这些已运用过的课程资源，也缺乏以某种形式加以有效地保留与呈现出来，往往是课程活动结束了，这些可能经过一番辛苦而收集过来的课程资源也就随之悄无声息地消失了。

那么，儿童博物馆就是幼儿园在园内或班内，安排出一定的空间将这些在课程实施过程所运用过的课程资源以"博物馆"的形式展示出来。基于这一理念而创建的儿童博物馆，既真实地记录了幼儿利用这些资源而开展的课程活动的足迹，又对丰富幼儿某一方面的经验、激发幼儿对某一方面事物的探究是有益的。同时，将利用课程资源而开展的课程活动的全程以"博物馆"这样的方式呈现出来，不仅有利于参与课程中的当事者进行细细回味，也可以供别的班级的幼儿参观学习，从而达到课程资源利用效益的最大化。因为博物馆"公众性"的特征本身也就意味着其应该是对外开放的，其开放面不仅是本班幼儿，而是本年龄段或本园的幼儿。

在这里举一个例子，本人曾实地走访了某幼儿园。该园地处印尼归侨集中居住区，该园的课程实施与建设中，提出要融入多元文化，打造多元文化课程特色。而其实在该园内真正属于印尼归侨家属的幼儿却为数不多，也即其实该园幼儿的经验与所要打造的多元文化课程特色有一定的距离。在活动反馈现场中，我就建议该园应在教学楼下比较开阔的架空层规划出一定的空间，用来创建园内"印尼风情博物馆"。

在这个馆里集中展示一些反映印尼归侨，在"衣食住行"这方面的图片、照片、模型、实物、视频等，以及历年来幼儿园开展有关多元文化课程活动的一些"活动成果"，比如幼儿的美工作品、创编的儿歌等。那么，幼儿园内的这个儿童博物馆——"印尼风情博物馆"，对丰富或加深该园幼儿有关印尼归侨在"衣食住行"等方面的经验的作用是不可忽视的。幼儿有了这方面的相应经验，也才能有效地支持该园所提出的"多元文化课程"的持续开展；同时，有了这样一个博物馆的存在，在某种意义上来讲，也是幼儿园课程特色的一种表征形式。

以上主要从课程资源研发的维度来理解幼儿园开展"儿童博物馆"建设的意义。那么，为什么要对幼儿进行有关博物方面的教育呢？其实还是可以从《指南》中找到相关依据的。《指南》在"社会领域"中的"教育建议"写到，"和他们一起收集有关家乡、祖国各地的风景名胜、著名的建筑、独特物产的图片等，在观看和欣赏的过程中激发幼儿的自豪感和热爱之情"。在"艺术领域"的"教育建议"

也写到,"支持幼儿收集喜欢的物品并和他一起欣赏"。华爱华在《〈指南〉解读》一书中,对区域活动类型的划分,有提到一个"展示区",其实可以将这"展示区"进一步理解为"博物馆(区)"。

# 10

## 如何开展系列化的儿童博物教育研究

我们这四年来一直在做"宝宝博物馆"的创建与利用方面的研究,前期主要是探索出了适宜各年龄段"宝宝博物馆"活动内容,以及如何将"宝宝博物馆"创设与主题活动、区域活动的开展有机地结合起来。现在又遇到省市级课题申报的时间,接下来我们是继续往"宝宝博物馆"这个课题走下去,还是考虑做目前比较时兴的创意戏剧教育课题呢?

我想借这个问题的回答,顺便谈一下园本课程和特色课程的建设问题。

你们园围绕"宝宝博物馆"建设与利用问题,分别获得了福建省教育科学规划"十一五"和"十二五"立项课题。我本人也参与并指导了你们的课题研究,对你们所做的研究以及所取得的成果是比较了解的。在"十一五"课题结题之后,我们将课题研究成果进行整理与出版,当时是以《幼儿园课程资源建设新思路——"宝宝博物馆"建设的理念与实践》这样的书名正式出版的。

其实,在第一个课题研究中,我们探索了选择"宝宝博物馆"内容应遵循的基本原则,适宜各年龄段"宝宝博物馆"建设的具体内容,以及"宝宝博物馆"建设的基本策略,即认为应该将"宝宝博物馆"创馆过程与单元主题活动的实施有机地统一起来,单元主题推进的过程就是创馆的过程,馆区的创设与呈现就是单元主题活动成果的表征形式。在第二个课题中我们着重解决的是在区域活动中如何体现博物教育,也即"宝宝博物馆"的创设如何通过区域活动的形式来推进。可以这样说,这两个课题所涉及的是有关"宝宝博物馆课程"中的"内容与实施"问题,涉及幼儿园课程要素中的两个要件——课程内容与课程实施。

因而,建议你们接下来应该立足于园本课程研发的这一维度,围绕课程要素的另两个要件,即"课程目标"和"课程评价"继续进行研究。这犹如在制造一辆汽车,我们已经成功制造了两个车轮,如果能够再制造出另两个车轮,那么我们所制造的这辆汽车就可以跑起来了。也就是说,接下来你们做的课题,应该是"'宝宝博物馆'教育课程目标体系构建的研究",不管这样的课题能否获批立项,你们都应该要去研究。如果'宝宝博物馆'教育课程目标体系构建出来后,接下来再继续考虑"'宝宝博物馆'教育课程的评价问题的研究",即评价的意义与目的、评价的方式与手段等。如果你们能够继续将"目标与评价"这两个要件研究完毕,结合前期你们所研究的"内容与实施",你们就可以理直气壮地宣告,通过系列的专题研究成功构建了"宝宝博物馆教育课程"。

至于所构建的"宝宝博物馆教育课程",能否完全取代目前你们所运行的幼儿园课程体系,成为名正言顺的园本课程,则要依实际情况而定。也就是说,"宝宝博物馆教育课程"有可能成为你们园的园本课程,也有可能是你们现行幼儿园课程体系的构成部分,即特色课程。

# 第二辑

## 环境创设与区域活动

**问** ....................

现在有不少负责筹办幼儿园的园长须与幼儿园的设计单位进行不断的沟通,以使其所设计的幼儿园能最大限度满足幼儿园的办学需要。那么,负责筹办幼儿园的园长该如何就幼儿园室内活动空间规划与设计工作,事先做好做足功课呢?

**答** ....................

幼儿园室内活动空间的规划与设计,其所涉及的其实是室内活动环境的创设问题。对幼儿的学习与发展来说,环境是幼儿成长中的"无言之师",环境就是课程。向环境要课程、向课程要质量,应成为人们在环境创设时应遵循的基本原则。

幼儿园室内活动空间大致可以分为活动与辅助用房、办公与辅助用房两大类。其中,活动与辅助用房,主要包括活动室(教室)、盥洗室、寝室、功能室;办公与辅助用房,包括门卫室(保安室)、保健室、隔离室、家长接待室、办公室、会议室、课程资源室、档案资料室、厨房等。保健室与隔离室宜相邻设置,中间隔墙可以是采用落地玻璃或隔墙中间有供观察的玻璃,隔离室应有单独厕所。如果幼儿园没有专门设置隔离室,保健室就应该有承担隔离的功能。厨房应设置后勤车辆进出专用通道以及送餐通道,且不宜过于靠近幼儿活动用房。现就相关室内活动空间的配置与创设要求阐述如下。

1. 班级活动与辅助用房配设的基本要求。

(1)班级活动与辅助用房宜按单元设置,包括活动室、配餐室、衣帽室、卫生间(含盥洗室、厕所)、寝室、教具储藏室(兼简易教师办公室)。

(2)每间活动室(教室)必须有两个疏散门供师幼进出与疏散。

(3)活动室(教室)入门处最好有专用的配餐室,以便于保育员独立而安全操作。

(4)设置幼儿衣帽间,以供幼儿放置书包、衣服等个人物件,幼儿衣帽间的最佳位置应设置于入门处,如入门处空间有限,放置于活动室的其他地方也可以。

(5)活动室室内应该规划出一个尽可能是呈方正形状且相对比较开阔的场所,以便于组织幼儿开展集体、区域活动与游戏活动等。

(6)卫生间要保证通风,卫生间男女生要区隔开来,以蹲坑为主,有条件的可以配置坐便器;中、大班的卫生间中,女生蹲坑位的前面需要设置挡板,以保护女生个人隐私;应该设置供教师使用的卫生间。

(7)卫生间的屋顶管道尽量裸露,不作任何的装潢处理,以便幼儿在日常生活中能够感受到各种管道的形态与用途。因为幼儿在生活中能够直观地感受到各种管道线路的机会是比较有限的,如果将幼儿园本可以让幼儿有机会去感受的管道线路封包起来,是否在强调美化的同时也无形中让幼儿失去了一种在生活中学习的机会?

因而认为在不妨碍观瞻的前提下,主张将管道线做简单处理后直接裸露,以便幼儿观察。此外,建议在条件许可的情况下,可以考虑将幼儿盥洗室的一部分水管管道线路"外显"出来,让幼儿有机会在日常生活中去感受管道的线路走向。当然,如果有办法将部分水管制作成透明的管道,则效果更好。

(8)建议盥洗室的水龙头的形状、类型尽可能多样化,洁具配置如有可能,则尽可能做到班班不一样,或至少是以年级为单位进行差异化配置。

2. 幼儿园大门到幼儿园室内门厅的路程,最好能设置"风雨廊道",以便于在风雨天气家长接送孩子。

3. 门卫室(保安室)、保健室这两个功能室应该设置在一楼,以便于更好地履行其所担负的职能。如果是民办幼儿园,则建议将园长办公室也一并设置在一楼,且园长办公室应该是兼具幼儿园招生办公室、家长接待室功能,应以最靠近家长、能以最快速度接触与服务家长为原则。

4. 幼儿园入门门厅要相对比较开阔与明亮,可以放置座椅和书报,以供家长休息与阅读。

5. 教师办公室、会议室(条件有限的话,可以将教师图书资料室也一并设置在其中)、课程资源室、档案室等办公与辅助用房设计在四楼及以上。其中,课程资源室除了承担传统教具室的功能外,应多收集一些低结构材料,并加以归类整理,为教师开展课程活动提供物质支持。

6. 除幼儿活动室(教室)、办公与辅助用房外,还需要设置若干间至少可以容纳一个班级幼儿活动的特色功能室,如"科学发现室""生活实践坊""幼儿绘本室""幼儿创意空间(幼儿美术活动专用教室)""幼儿戏剧表演舞台""幼儿建构室(或乐高建构室)",以及一间至少可以容纳 200 人以上的综合厅,以供举行大型教学观摩研讨、学术会议或大型主题建构活动所用。

7. 条件许可的话,建议应设置园史与办学成果馆。园史与办学成果馆可以与档案室有机合并。建议幼儿园在为每一届毕业生拍毕业集体照的同时,也录下或记下每位毕业生对幼儿园最想说的"一句话",并借助现代影像技术制作成档案资料,以便于保存,并以最大限度节约档案资料的存放空间。或许若干年之后,幼儿园能为杰出的校友呈现出他当时在园学习与生活的珍贵资料,其个中意义,尽在不言中。

8. 室内楼梯扶手要加装幼儿专用的楼梯扶手,建议在条件许可的情况下,幼儿专用的楼梯扶手尽量多样化,比如采用不同材质、设计不同风格;如果能将每个楼梯或每个楼层的幼儿专用扶手都能同中有异,各具特色,则效果最好。

9. 室内空间布局应充分考虑到采光、通风与疏散三大问题,出行顺畅、采光充足、通风良好为布局的主要原则。室内装修风格适宜以淡雅为主,建议选用浅色调、暖色调,颜色搭配要和谐,不宜太多太杂,且应尽最大可能保证室内的通风与采光问题,对于建筑结构设计本身存在采光不足的室内活动室,应尽量将隔墙设置成落地玻璃墙,以弥补采光之缺陷。

10. 装修风格最好与幼儿园办园理念及特色相统一,尽可能将幼儿园办园理念及特色通过"环境"物化出来。

**问** ....................

在全国落实学前教育行动计划的时代背景下,各地纷纷增建或改建幼儿园,以不断满足人们入园难的需求。因而,时有新建幼儿园面临着如何科学而合理地规划与设计好户外场地的问题。您能就此问题谈谈您的个人建议吗?

**答** ....................

自从"安吉游戏"在全国传开之后,人们对户外活动场所的功能又有了新的认识,尤其是对户外操场的认识已不是仅仅停留在幼儿做操与锻炼、升旗以及组织体育活动的场所,而认为是组织幼儿开展户外游戏活动的最佳选择。于是,加强对幼儿园户外场地的合理规划与设计,已成为新办园必须要认真考虑的话题。

幼儿园户外场地规划与设计的总体要求,一是应尽最大限度保留草坪与绿地,凡不需要硬化的(包括塑胶化)的场地,就不要轻易地将之硬化(包括塑胶化)。如果在投入使用后发现确实需要硬化的,到时再来硬化也不迟。但如果一开始在场地规划与设计时,动不动就将之予以硬化了,殊不知,水泥一铺,就意味着那片土地再也不能呼吸,那片土地也就成为没有生命的灰色的水泥地。幼儿园的户外场地建设,不是市政道路工程,不需要尽可能硬化。

二是凡属于诸如花圃等基于景观美化需要的绿化,则应在单位空间内尽可能做到植物栽种的多样性,切忌以整齐划一的思路来处理园区的绿化工作。比如,某幼儿园因地形落差,位于地势较低的园区与园外道路形成了长 40 米左右、高 4 至 10 米不一的挡土墙,该挡土墙与园内主建筑还有宽为 8 米左右的距离。如果能以"多样性"的思路来考虑该挡土墙的绿化与美化问题的话,那么,就可以以 8 米左右的宽度,在挡土墙下栽种不同的绿化植物,比如爬山虎、炮仗花、竹子等。总之就可以将该挡土墙的绿化与美化设计成"有层次感的",且植物颜色会随四季不同而变化的"魔术墙"。但颇为遗憾的是,该园的挡土墙却只是非常简单化地种上了一排紧挨在墙边的竹子而已。

讨论幼儿园户外场地的规划与设计问题,首先应将幼儿园户外场地类型做简单的划分。我认为若以使用价值这一维度而言,幼儿园户外场地大致可以分为运动区域、游戏区域、种养区域、旗台区域、储藏区域等。现将各功能区域的设计基本要求阐述如下。

## 一、运动区域的规划与设计

1. 攀爬墙设计的基本要求。(1)应结合场地合理规划与设计攀爬墙,攀爬形式与材料应尽可能多样化,比如可以是攀岩式,也可以是绳索式等。(2)如果幼儿园的地形有明显的垂直落差,建议应尽可能结合具体的地形资源设计相应的攀爬设施。

2. 跑道与足球场地设计的基本要求。(1)户外操场应设计能满足幼儿快速连续奔跑的直线跑道,跑道的最短距离为 30 米左右。(2)有条件的幼儿园还可以规划适宜幼儿运动的足球场,如果条件受限,也可以借鉴"笼式足球"的理念,将宽阔的天台设计成"迷你型足球场"。

3. 各种专用运动区设计的基本要求。(1)应结合场地合理规划与设计"骑行区、投掷区、摸高区、索桥区、轮胎轮滑区"等。(2)"骑行区、投掷区、摸高区"的设计要体现难易梯度,且最好应设计相应的情境。比如,骑行区可以依据"宽窄""有无过桥、转弯、爬坡、躲闪障碍物"等难度系数设计不同的"骑道",以增强幼儿参与活动的乐趣。(3)应结合场地合理安排好"滑滑梯、钻长龙、攀登架"等大型玩具的安放位置。（4）户外各运动区域应就近设置休息区，休息区应投放擦汗巾、温水桶、幼儿个人保温瓶或已消毒的茶杯、放衣服的衣架、休息的小椅子等。

## 二、游戏区域的规划与设计

1. 水池和沙池设计的基本要求。（1）应结合场地合理规划水池与沙池，二者的形状最好是圆形、正方形或椭圆形，禁忌设计成狭窄的长条形或是以各种理由将之分成两半。（2）水池和沙池的最小面积以能满足幼儿园班级中最大班额的幼儿在其中活动为基本单位，能大则大；如果沙池有足够大，可以考虑在沙池围合墙旁边加装一个水龙头，以让幼儿有机会去感受干沙与湿沙的区别、沙与水的关系。（3）如果沙池的日晒比较严重，建议考虑设计透明的遮阳篷或遮阳板，以便于幼儿在上午 9：00 至 10：30，下午 3：00 至 4：00 这两段时间内开展玩沙活动。（4）在沙池的附近设计一个可供幼儿放置玩具材料、鞋子以及休息的地方。（5）在沙池的附近设计一处洗脚池，洗脚池要开阔，最好设计成一排，至少能同时满足六七位幼儿同时洗脚。为防止洗脚池因泥沙原因而导致下水道堵塞问题，建议应将洗脚池的水自然引导到草地或需要灌溉的地方，即洗脚池的水不经下水道排出。

2. 户外涂鸦区设计的基本要求。（1）涂鸦墙下应设计相应的排水管道，便于幼儿涂鸦后的清洗。（2）涂鸦的材料，可以是水粉、粉笔等材料的涂鸦。（3）涂鸦的形式，可以是幼儿站在原地以自己身高为限作画，也可以是幼儿站上小梯子作画为准。

3. 山坡与钻洞设计的基本要求。（1）山坡可以设计成有的是缓坡、有的是陡坡、有的则是坡度不一的小山坡。（2）山坡下的"钻洞"要尽量做得大气，发现有的幼儿园山坡下面的"钻洞"做得像墓洞一样，极不雅观。（3）如果场地比较开阔，可以考虑将山坡坡顶同时设计成可供幼儿开展户外表演游戏所用的表演舞台。

4. 建筑区设计的基本要求。（1）建筑区应提供砖块、泥土、建筑工具等材料，以供幼儿砌砖墙。（2）建筑区可以考虑跟"玩土区"相结合，即两区相邻。"玩土区"，即在幼儿园留一块纯泥地，以供幼儿挖土、玩土、印土等活动。"玩土区"面积以能容纳 10 个幼儿开展活动为基本单位，能大则大。

### 三、种养区域的规划与设计

1. 种植园地设计的基本要求。(1)尽量确保每个班级都有一小块种植园地。(2)种植园地的小路的宽度应满足两个幼儿并肩行走的需要,以利于幼儿劳作与观察。(3)种植园地的旁边应设计一处存放劳动工具、材料的地方,并利用周边墙面将所栽种蔬菜的图片、幼儿的劳动情况、幼儿所做的观察记录等内容展示出来。(4)除种植常见蔬菜、玉米外,还可以设计一处可以种植水稻等水生植物的地方。如有可能,在种植园地附近设置一个手动抽水泵,让幼儿自行操作取水去浇灌,则效果更佳。

2. 饲养角设计的基本要求。(1)在幼儿园合适的角落设计一处饲养当地常见的家禽、家畜等小动物的地方。(2)在饲养角合适位置上以图文并茂的方式介绍所饲养动物的生活食性,以防止幼儿由于好奇等原因乱投食。(3)建议饲养角的饲养与保洁工作由门卫保安负责。

3. 小果园设计的基本要求。如条件允许,可以规划幼儿园小果园,栽种各种各样的果树,并在果园里开辟绿荫小道;如无法规划出专门的场地做小果园之用,建议幼儿园园内所栽种的"绿化树"尽可能是不同的品种,且应充分考虑树种成活后,能够满足幼儿利用"树资源"开展形式多样的课程活动,如各种各样的"上树"方式、在树下荡秋千、在树荫下做游戏等活动。

### 四、旗台区域的规划与设计

① 旗台是幼儿园户外的重要场所,应居于幼儿园户外的最佳位置。②旗台面积宜大也宜小,如果场地面积充足的话,可以设计成多用途,比如可以作为表演台或户外活动幼儿跳绳的专用(区)台;如果场地面积紧张,则宜小,满足旗手和升旗人站位就可以。

### 五、储藏区域的规划与设计

(1)应配足配齐各种常见的户外活动器材,如自行车和各种拉车,羊角球、毛毛虫、篮球、足球、攀爬梯子、跳箱、木板、滚筒等运动锻炼相关活动器械,户外中大型积木以及各种低结构材料，铲子、螺丝刀等各种活动所需要的工具，等等。（2）各种活动器械的储藏地方应与活动场地邻近为宜。（3）储藏方式既要做到防雨防晒，又要便于取放。

## 六、其他区域的规划与设计

1. 户外临大门入口应设计一个大的 LED 屏幕，如果可以结合搭舞台作为背景更好，因为幼儿园经常会有需要户外搭舞台进行演出活动。

2. 如果幼儿园日照过于充足，尤其是西晒严重的幼儿园，建议设计降温之用的自动喷淋系统。

3. 建筑楼外立面在窗台、外围等处尽量结合景观进行垂直绿化。

4. 如果幼儿园有条件做供幼儿观赏的养鱼池，建议应在鱼池中挖一个比较深的"洞穴"，以供鱼能够顺利过冬。并在这个比较深的"洞穴"上面加装防止幼儿溺水的相应措施，如带有格子的不锈钢罩。

# 13

**问**

就我们所在的幼儿园以及所走访过的园所来看，发现有不少幼儿园在环境创设中存在着诸如"琐碎、虚浮、过分装饰"等弊端。请问什么样的环境创设才是高质量的呢？也就是说什么样的环境才能在幼儿发展中起着最大限度的促进作用呢？

**答**

幼儿园环境创设包括物质环境和精神环境（心理环境），问题中所涉及的其实是指物质环境。作为幼儿园物质环境又包括空间设置和材料投放两方面。空间设置主要是对幼儿园室内外可利用的场地进行规划与布置，材料投放指的是在所设置的活动空间中教师投放一定数量的材料以供幼儿操作。

先讨论幼儿园空间规划与设置问题。在幼儿园空间规划与设置上应尽量体现出四大特点，即充分、合理、巧妙和实用。空间规划与设置的充分性原则，指的是将幼儿园里一切可利用的空间尽可能地盘活起来，并加以合理而巧妙的规划与设计，使得幼儿园所有空间得以最大限度的利用，在空间利用上不留"死角"与

"闲地";或是对场地空间的功能进行多方位的挖掘,以尽量做到"物尽其用,物尽其能"。

在空间规划的充分性原则下,一是在做空间规划与利用上,就得将平时容易忽视的貌似没有利用价值的或不好利用的角落进行统一的梳理,在对这些容易被遗漏的角落进行系统梳理的基础上,再根据各角落的特点进行精心设计。比如有的城市幼儿园因早年创办且居于老城区,占地面积极为狭窄,就将唯一的一幢教学兼行政的楼房四楼屋顶的屋板进行充分防水处理与承重考量的基础上,开辟出富有特色的"开心农场",该农场辟有"水稻区""果蔬区""水培植物区""种子博物馆区"等活动空间。对于一些室内外空间比较有限的幼儿园而言,空间规划与设置的充分性原则在实践操作中更值得去认真考虑。二是应秉持多功能的思路对场地空间进行挖掘,分时段对场地空间安排不同的活动内容,体现"一物多用"。比如,对于幼儿园户外操场的认识,之前人们往往只将其功能定位于开展幼儿体育运动而已,后来受"安吉游戏"的启发,现在幼儿园户外操场已呈现"多功能化",即将很多活动内容设置在户外来开展,产生了诸如户外区域活动与游戏活动等新的活动形式。

当然,对充分利用的理解应建立在合理基础之上,而并非对幼儿园空间进行无限度的挖掘。比如,有的幼儿园可能是误读了此原则,在幼儿园活动室或走廊等空间的上方,尤其是屋顶的天花板上或墙壁的高处(超出幼儿视线范围,甚至超出成人的目光之所能及)进行各种装饰。其实,对于幼儿园环创,诸如吊饰、墙饰等各种装饰,如果教师的辛苦之作换来的却是幼儿的漠视,或是很少关注,或关注时间极短,那绝对是一种劳民伤财的不专业行为。

合理性原则指的是对幼儿园空间规划与设置上要立足于幼儿发展的需要,符合幼儿认知特点,为幼儿所能用,即所规划与创设的空间是为课程活动的开展而服务。在合理性原则下,幼儿园空间规划与设置上,一是要善于根据各场地空间特点,规划并设置出适宜该场地的活动内容。比如,需要用水的活动区域就应设置于邻近水龙头处;阅读区域应设置于光线比较充足的地方;进行大肌肉群活动的区域,应设置于比较开阔的地方等。二是要有统筹规划的意识,应将有限的空间资源进行不断优化,以使空间通过规划获得最大化。比如,幼儿园原先将紧挨在各班级的户外活动场地以"分田到户式"归各班级独立使用,班级间场地互不融通;后来基于化零为整的思路,改变班级户外场地各自为政的做法,将三个相邻的班级户外场地打通,使之变成一个相对开阔的活动场地。三是要立足于整体观,考虑好各活动空间之间的逻辑关系。比如,动静分离不干扰、相关邻近有互动、公共通道占位合理便于走动。四是要处理好空间规划与设置的预设与"留白"关系。所谓的预设型空间指的是该空间活动内容预先设定,比如这是积木区,那是自然角等。空间规划的留白思路,指的是在所有的空间规划中,应预留出一定数量的位置作为幼儿活动生成的场所。这些所预留的供幼儿生成相应活动的空间,教师只负责提供一些必要的低结构材料即可,该空间具体活动内容不预先指定。这样的活动空间可以称之为开放区或松散区,或直接命名为"我的空间我做主""我的……"。试想,如果教师都预先把所有空间规划好,空间的活动内容也预先设置好,也即,幼儿只能在教师预设好的这些活动内容中进行选择。这对幼儿在活动中自主性的充分发展方面,显然是不够合理的。

空间规划的巧妙性原则,指的是将场地空间进行创造性的盘活,并发挥起化腐朽为神奇的效果。空间规划的巧妙性,源于教师对场地空间特点与功能的精心构思与集思广益。

比如,有一所幼儿园的主楼房的南边面向街道,该南边墙壁的前段(约占整堵墙壁的三分之一)是向外凸出,后段是向内凹下去,即呈倒 L 形状,当时幼儿园将这个空间作为教职工摆放电动车的场所,因考虑到直接朝向街道摆放电动车并不雅观,后来沿着前端凸出的位置砌了一堵薄墙,墙面放置有机板作为幼儿涂鸦墙。经过这样的巧妙处理,既满足教职工放电动车的需要,又维持幼儿园门面的美观度,同时又赋予该空间新的功能,即成为幼儿开展涂鸦活动的场所。

空间规划与设置的实用性原则,指空间规划与设置应将课程意义最大限度地加以凸显出来,要有儿童在场的意识。目前,不少幼儿园在环境创设时,存在着简单化的"审美至上"倾向,且所谓的审美更多是基于成人的视角,似乎环境创设只要"美观"就可以。全然忽视了"环境是为谁而创设的? 谁是环境中的主人? 环境对幼儿的成长意味着什么? 创设环境的意义是什么"等基本问题。

因而,在空间规划与设置的实用性原则下,希望在幼儿园的环境创设中应牢记两个基本要求:一是可以看到幼儿参与的身影,可以看到幼儿走过的足迹;二是要牢牢记住"儿童意识",要紧紧抓住"课程意识"。

关于材料投放问题,认为至少也凸显三大特点,即适宜性、开放性和差异性。适宜性原则指的是材料的投放要符合各年龄段幼儿的经验水平、认知特点,既是各年龄段幼儿可以接受的,又是可以促进他们发展的,即幼儿对教师所投放的材料是呈现出一种"爱玩、能玩、会玩"的状态,是能在玩中获取新知,在玩中体验快乐。

开放性原则,一是指教师所投放的材料在数量上应是充足的,能满足幼儿对不同材料进行操作或是同一材料多次操作的需要;二是教师所投放的材料的功能指向不是固定而单一,对幼儿而言其在材料的使用与玩法上是多元的,不同材料有不同的玩法。依此,在材料类型的考虑上应是主张多投放一些低结构性质的材料。比如,各种纸盒、易拉罐、塑料瓶、树枝、鹅卵石、积木等。

差异性原则,指的是教师在材料投放上类型要多样化,操作水平要层次化,即"材料提供的'差异性'='多样性(类型)'+'层次性(水平)'"。其中,材料类型的多样化包括材料质地的多样化、材料结构的多样化。

比如,在"好玩的绳子"主题式区域活动中,教师设置了一个给大头娃娃扎辫子的活动区。那么,依材料类型多样化来说,在该区域所投放的供幼儿扎辫子的毛线,可以是粗细不一、股数不同、质地各异的各种毛线;就操作水平层次化而言,可以设置高、中、低三个层次。教师同样可以根据股数数量多少、质地是否好操作、是否要求编出一定花样的辫子等因素进行合理组合,从而产生出不同层次的操作水平。

# 14

## 如何撰写一份规范的游戏活动计划

**问**

对新入职的幼儿园新教师来说,他们往往对领域集体教学活动计划的撰写要求比较熟悉,相对而言,所编写的领域集体教学活动计划的质量明显高于游戏活动计划。能否就如何编撰一份规范的游戏活动计划谈谈您的建议?

**答**

对这个问题的回答分为两部分,第一部分是先介绍游戏活动计划撰写要素与要求,第二部分是以案例方式展示不同格式的游戏活动计划。

## 一、游戏活动计划撰写要素与要求

人们习惯将游戏活动分为创造性游戏和规则性游戏,其中,创造性游戏又分为角色游戏、结构游戏和表演游戏;规则性游戏,则包括体育游戏、音乐游戏和智力游戏。所谓游戏活动计划,自然也就包括以上这些游戏活动类型。

但正如创造性游戏不同于规则性游戏,其两者在计划的撰写要求上也有所差别。由于规则性游戏活动本身具有较强的"结构性",游戏活动开展的目标比较明确,因此与领域集体教学活动比较相似。因而,规则性游戏活动计划的基本要素与教学活动计划大致一样,即包括游戏名称、游戏目标、游戏准备、游戏过程,有的计划还包括游戏来源、游戏延伸。在"游戏过程"这一要素中,通常会着重介绍游戏玩法与规则、注意事项以及教师观察与指导要点。

而对于创造性游戏来说,由于游戏活动本身的"低结构性"特点,游戏活动的走向与所呈现的形态具有较大的开放性,这也就意味着幼儿在游戏活动中所获得的有益经验同样也具有较大的"宽泛性"。游戏所带给幼儿的发展价值是蕴含在活动过程之中且难以如"高结构"的集体教学活动那样予以明确预估,即预先拟订出所谓的"游戏活动目标"。

再者,在创造性游戏活动计划的制订中,如果要求将游戏目标予以预先明确地拟定,则极易导致幼儿教师因受既定目标的影响等缘故,在对幼儿游戏活动过程的观察与指导中出现不自觉地以游戏目标为中心,对幼儿游戏进行过多的"合目的性干预",即因过分强调游戏目标而忽略了游戏过程,出现"游戏儿童"的现象。

因而,在创造性游戏活动计划的基本要素中,建议不出现游戏目标这一要素,如果一定要撰写游戏活动目标,主张撰写阶段性游戏活动目标,即该目标是近期一段时间内拟达到的预期的游戏活动效果,这个阶段性游戏活动目标所表明的是近阶段游戏活动预期走向与效果的一个努力方向,而非某一具体游戏活动的目标。

在创造性游戏活动计划的撰写中,特别是角色游戏活动计划,还有单项计划和综合计划之分。单项计划往往是适用于新的游戏主题,该计划仅是针对某新主题的开展与指导设想而编写的;而综合计划,则所开展的游戏主题一般都是幼儿所熟悉的,该计划适用于多游戏主题的开展,在"游戏过程"中一般不会平均用力,面面俱到地交代每个游戏主题该如何进行观察与指导,而通常会围绕一两个需要重点关注的主题提出一些指导要求与设想。

单项游戏活动计划的基本要素主要有:游戏名称、主题由来、游戏准备、游戏过程、观察要点与方法、指导建议、价值分析。而综合游戏活动计划的基本要素主要有:游戏名称、预设主题、游戏准备、游戏过程、观察要点与方法、指导建议、经验获得。显然价值分析或经验获得都是在游戏活动开展之后,通过活动现场的评估再补记上去的。当然,在具体计划撰写中,只要能将"观察要点与方法、指导建议"体现在"游戏过程"之中,那么也可以将"游戏过程、观察要点与方法、指导建议"三个要素直接合并为"游戏过程与指导"。

在创造性游戏活动计划的撰写中,如果该游戏是围绕某一主题连续开展了一段时间,具有明显的次数概念,即"第一次游戏活动计划、第二次游戏活动计划……",则建议在上次游戏活动计划撰写的最后环节增加"反思与推进",即将本次游戏活动情况进行必要的梳理,对出现新的玩法、新的经验等加以肯定,对存在的问题予以认真思考,并对下次活动的有效推进策略提出建议。或是在下次游戏活动计划撰写的前面环节增加"回顾与分析","回顾与分析"的内容与"反思与推进"是一样的。

## 二、各类型游戏活动计划示例

### 例1:小班角色游戏活动计划①

#### 小班角色游戏:宝宝过生日

一、主题由来

过生日对每个幼儿来说都是特别开心的经历,生日蛋糕和生日礼物更是让他们兴奋不已。有一天,过生日的煜煜把爸爸妈妈送给他的生日礼物带来幼儿园分享,结果引发了孩子们对生日的热烈讨论:"我过生日的时候,爸爸妈妈送给我小汽车做礼物。""我最喜欢过生日了,因为可以吃好吃的生日蛋糕。""我过生日的时候,妈妈会给我做一桌子的好吃的。"……我们及时抓住孩子们的兴趣点,引发了孩子们在娃娃家里开展"生日会"的游戏。

二、游戏准备

1. 前期经验:通过谈话,帮助幼儿回顾过生日的经历,丰富幼儿有关过生日的生活经验。

2. 材料提供:娃娃家已有的游戏材料——娃娃,小桌子、小床各一张,餐具、仿真食物若干;新投放的有关生日会游戏材料——生日帽,用于自制蛋糕、生日蜡烛和生日礼物的纸盒、纸盘、彩泥、等废旧材料若干。

3. 环境创设:在墙面上张贴幼儿的全家福照片和幼儿自己绘制的娃娃

---

① 本案例改编自董旭花、王翠霞、阎莉、刘霞编著:《幼儿园创造性游戏区域活动指导:角色区·建构区·表演区》,中国轻工业出版社 2015 年版,第 27 页。

照片。

三、游戏过程

1. 游戏主题导入：与幼儿商议今天拟开设新的游戏主题"宝宝过生日"，与幼儿商议好角色的分配，请幼儿分别扮演爸爸、妈妈和宝宝。

2. 游戏玩法讨论：在与幼儿一起回顾过生日的生活经验的同时，共同讨论游戏的主要玩法。例如：(1)爸爸和妈妈去蛋糕店购买蛋糕，或者一起利用区域中的废旧材料为宝宝制作生日蛋糕、三明治等，还可以为宝宝制作生日礼物。食物和礼物做好后，照顾宝宝起床、穿衣服。(2)爸爸和妈妈为宝宝戴好生日帽，并送给宝宝生日礼物，为宝宝唱生日歌，一家人围坐在一起吃生日蛋糕；也可以邀请其他区域的幼儿来家中一起为宝宝庆祝生日。(3)生日会结束后，整理餐桌和餐具。

3. 交代游戏的注意事项：不争抢游戏材料，游戏结束后将材料放回原位。

4. 幼儿自主开展游戏，教师观察与指导。

5. 进行典型游戏经验分享与交流，游戏结束。

四、观察要点与方法

采用定点观察方法，重点观察幼儿是否在预设的情境下，用动作、语言表现出照顾宝宝、为宝宝过生日的情境，是否有比较稳定的角色意识。

五、指导建议

1. 在幼儿进行游戏时，教师可以扮演客人参与游戏，巧妙地引导扮演爸爸、妈妈的幼儿准备过生日需要的各种物品，或者与幼儿一起做蛋糕，以便在幼儿制作遇到问题时给予适当的引导和提示。

2. 可以在班级同时开设几个角色区，并让幼儿去相应的区域购买需要的材料。比如可以开设蛋糕店，引导娃娃家里的"爸爸、妈妈"去蛋糕店为宝宝购买生日蛋糕；也可以将美工区的部分材料投放到娃娃家内，让动手能力强的"爸爸、妈妈"为宝宝自制蛋糕和其他食品。

六、价值分析

过生日是幼儿较为熟悉且难忘的经历，在过生日时，每个幼儿都会有不同程度的快乐体验。但对于小班幼儿来说，想要在角色游戏中重现自己过生日的经历，并与伙伴一起进行扮演还是具有一定难度的，这需要幼儿在自我经验积累的基础上，发挥自己的想象，自我主导角色定位下的具体活动。比如：做什么好吃的饭菜？选什么样的物品做礼物？做什么样的生日蛋糕？通过这个游戏，幼儿的自我服务能力和社会交往能力都将得以提高。与此同时，在角色体验中，幼儿的语言表达能力、动手能力等也会有所提高。通过观察幼儿的活动表现,我们也发现有的幼儿会将自己过生日的场景在娃娃家还原,有的则极具创造性地邀请朋友为宝宝举行生日派对,使游戏情节更加丰富。

**例 2:中班民间游戏活动计划①**

### 中班民间游戏:翻花绳

一、游戏名称:翻花绳

二、游戏玩法与规则

1. 玩法。

用打好结的绳子环绕于单手或双手手指上,然后撑开,准备动作做好后,根据自己的喜好用手指翻变出不同的花样,可单人玩也可双人玩。

单人玩法:将绳圈套在双手上,用双手手指或缠或绕或穿或挑,经过翻转将线绳在手指间绷出各种花样来。

双人玩法:一人以手指将绳圈编成一种花样,另一人用手指接过来,翻成不同的花样,相互交替,直到一方不能再翻下去为止。

2. 规则。

单人玩时要注意不要把绳子缠绕在一起,若缠乱了要赶紧解开,重新翻;双人玩时要注意配合、相互交替,直到一方不能再翻下去为止。

三、适宜年龄段:4~6 岁

四、游戏对幼儿发展的价值

"翻花绳"是一种利用绳子玩的游戏,是用打好结的绳子环绕于单手或双手手指上进行翻绳,它又叫"解股""线翻花""翻花鼓"等,需要用灵巧的手指和聪慧的心灵才可翻转出许多的花样。翻花绳游戏,对幼儿发展具有多方面的价值。

健康领域:该游戏主要是依靠手指操作,每一个造型需要用手指完成撑、压、挑、翻、勾等一些精细的动作,需要每根手指巧妙地分工,左右手配合才能完成,通过游戏能有效地锻炼幼儿手指的灵活性,促进幼儿精细动作的发展。

社会领域:在游戏中进行双人翻绳时,幼儿与同伴间需要互相配合、互相等

---

① 本案例由福建省永春县世哲幼儿园提供,吴振东指导。

待,同伴间的合作能力、交往能力得到了提高;每当变出一个花样后要接着翻出新的花样,且不能着急,才不会把绳子打结,从中也锻炼了幼儿的耐心品质。

五、对应《指南》学习与发展目标(4～5岁)

| 领域 | 《指南》中的学习与发展目标 |
|------|----------------------------|
| 健康 | (二)动作发展<br>目标3　手的动作灵活协调 |
| 社会 | (一)人际交往<br>目标1　愿意与人交往<br>1. 喜欢和小朋友一起游戏,有经常一起玩的小伙伴<br>目标2　能与同伴友好相处<br>4. 活动时愿意接受同伴的意见和建议<br>目标3　具有自尊、自信、自主的表现<br>1. 能按自己的想法进行游戏或其他活动<br>4. 敢于尝试有一定难度的活动和任务<br>(二)社会适应<br>目标2　遵守基本的行为规范<br>1. 感受规则的意义,并能基本遵守规则 |

六、游戏实施过程与纪录(略)

七、游戏实施小结(略)

### 例3:大班主题建构游戏活动计划①

| 晋江市第四实验幼儿园大四班主题建构游戏第二阶段计划 | |
|------|------|
| 阶段主题 | 美丽晋江 |
| 阶段期限 | 2017 年 12 月 4 日至 2018 年 1 月 26 日 |
| 主题由来 | 　　为了让幼儿亲身感受晋江的历史底蕴以及闽南的独特文化,结合班级近期所开展的单元主题活动"晋江一日游",经与幼儿共同讨论与商议,将班级建构活动的主题确定为"美丽晋江"。该建构主题旨在让幼儿通过选择合适的材料,运用已有的建构经验,将身边所熟悉的事物,如高楼大厦、立交桥、名胜古迹等建构出来,以进一步激发幼儿参与建构活动的兴趣,提升幼儿的建构技能,丰富幼儿的建构经验,并在建构过程中进一步了解自己的家乡——晋江,发现晋江之美,从而激发幼儿爱晋江、爱家乡的情感 |

① 本案例由福建省晋江市第四实验幼儿园姚雅艳提供,根据需要进行了改编。

| | | |
|---|---|---|
| 阶段目标 | | 1. 积极参与建构活动,能与同伴分工合作完成任务,并能体验建构活动的乐趣<br>2. 学习规划布局,根据平面设计图灵活地运用排列、组合、连接、拼插、镶嵌等技巧建构,布局合理 |
| 游戏准备 | | 1. 经验准备:幼儿对晋江风景已有初步的认识<br>2. 材料准备:<br>(1) 结构材料:花片、原木积木、积塑若干<br>(2) 辅助材料:汽车玩具或模型、草、斑马线、红绿灯等<br>(3) 图片:五店市、五里桥、御龙湾、八仙山等的照片 |
| 第六次游戏<br>(12月11日) | 游戏过程与指导 | 1. 游戏导入<br>以出示上次游戏活动照片引入游戏,引导幼儿讨论还有哪些需要改进的地方,并提出改进的方案<br>2. 游戏指导<br>提醒幼儿根据所改进的建构方案,使用各种辅助材料对"八仙山"主题建构任务进行合理布局,进一步完善该主题建构作品<br>3. 游戏评价<br>以现场讲评的方式,重点评价"八仙山"的建构及主题的合理布局情况 |
| | 观察要点 | 1. 观察建构"八仙山"的幼儿能否选用多种的材料来表现"八仙山"的主要特征<br>2. 观察幼儿是否能按照所改进的方案进行调整与建构 |
| | 反思与推进 | 1. 游戏活动反思<br>(1) 从幼儿的建构结构和作品来看,大部分幼儿都已经掌握了由"面"到"体"的拼插技巧,说明幼儿前期对物体的外部形态特征积累了一定的经验<br>(2) 能根据"美丽晋江"的图纸进行整体布局建构,但是对于细节的布置和辅助材料的使用,还存在着大小比例不够协调和细微特征表现不够凸显的问题<br>(3) 教师随机介入指导时机的把握能力还有待进一步提高,应避免因过多的干预而影响幼儿的建构思路<br>2. 游戏推进思路<br>(1) 在进一步观察物体形态的基础上,有意识地引导幼儿积累有关排序与组合、分解与合成、远与近、面与体等相对关系的经验,提高幼儿的空间布局能力<br>(2) 对于辅助材料的使用上,可以通过小组讨论等方式,引导幼儿尝试运用"改造"和"替代"的方法,对各种辅助材料进行合理整合,以更准确地表现所建构物体的细微特征 |

# 15

## 如何正确看待当前区域活动存在的主要问题

自《新纲要》和《指南》颁布之后,区域活动在幼儿园课程实践层面的推行进度得以大大加快。应该说大家在推行区域活动过程中积累了不少有益的经验,也取得了较为显著的活动效果。但不可忽视的是,在区域活动的开展过程中,也存在着许多需要引起重视的问题。请问能否结合实际谈谈如何正确看待当前幼儿园区域活动所存在的这些问题呢?

就我本人的观察与学习而言,认为当前幼儿园在区域活动开展过程中,在"区域设置、材料投放、活动指导"三大方面均存在一些带有一定普遍性的典型问题。现将这些问题存在的表现、原因与解决对策浅谈如下。

## 一、区域活动设置存在的主要问题

### (一) 过于简单的学科化思路,缺乏整合

受领域课程的影响,人们在区域活动内容的设置上往往也会明显地打上"领

域（学科）"的烙印。区域活动内容设置缺乏立足于幼儿生活经验、缺乏基于问题解决的设计思路，缺乏基于"实习场"学习理论的指导。现以公开发表的一篇有关区域活动管理的经验总结为例，就区域设置过于简单的学科化思路这一错误做法进行剖析。

某园在《大班跨班区域活动有效管理的探索》一文中，这样介绍他们的做法："该园将大班划分为五大学习活动区，其中，大（一）班定为科学馆、大（二）班定为语言馆、大（三）班定为美术馆、大（四）班定为音乐馆、大（五）班定为数学、棋牌馆，每个馆中又设置与领域相关的内容若干。比如'音乐馆'又设有"我是作曲家''乐曲行''音乐的故事''跟着音乐的节拍'这几个区域。"

现就该文所介绍的区域活动设置做法的错误之处分析如下：首先，众所周知，班级区域活动的创设是班级环境创设的有机组成部分，而班级的环境创设是班级课程活动实施的重要途径之一。从理论上来讲，依据班级环境创设可以大致判断出当前该班级师生在探讨什么话题，在实施着什么样的课程活动。上述这种采用"学科（领域）化"的思路来创设跨班级区域活动，显然是人为地割裂了班级环境创设与班级其他课程活动的本应具有的内在联系。

其次，人为地剥夺了班级幼儿在自由活动时间内自由选择活动内容的权利。假设甲幼儿是大（一）班的小朋友，如果大（一）班没有因要开展跨班区域活动而被硬性限制为该班只能是创设"科学馆"（科学领域的区域活动），大（一）班原来的区域活动内容的设置，其所涉及的领域或指向幼儿的发展维度肯定是各不一样的，即班级区域活动内容和材料投放本来就具有多元化和丰富性。本来甲幼儿经常利用自由活动的时间去图书区阅读他所喜欢的图书，但现在甲幼儿在自由活动时间只能被迫在可能是自己并不大喜欢或不擅长的科学类区域活动中活动。跨班区域活动形式本来是要让幼儿更加自由，而事实上却有可能导致幼儿更不自由的危险。

最后，以班级为基本单位，采用"学科（领域）化"的思路来创设跨班级区域活动，也有可能给幼儿经验多元化的获得带来威胁，有可能导致幼儿经验获得的单一化与片面性。

上述所介绍的"馆区教育"，如果是独立于班级活动室之外的功能性馆区，即幼儿园室内空间比较充裕，幼儿园将班级活动室之外的这些室内活动空间设置为各具特色的各种馆区，并将之纳入幼儿在园的课程活动范畴，拓展或深化幼儿的经验，则是值得提倡的。

### （二）过于开放的班际化做法，缺乏推进

《指南》在社会领域的"教育建议"部分，明确提出："幼儿园组织活动时，可以经常打破班级的界限，让幼儿有更多机会参加不同群体的活动。"积极打破班界开展跨班区域活动，成为践行《指南》精神的具体举措。姑且将跨班区域活动这一新形式称之为"班际区域活动"，而将原来限于在本班开展的区域活动称为"班级区域活动"。其中，"班际区域活动"又有同龄跨班和异龄跨班。现发现有的幼儿园的区域活动的开展直接取消原来的班级区域活动的做法，全部推行班际区域活动这一新形式，而导致教师对班际区域活动的有效推进深感力不从心，不知所措。

我认为要正确认识和解决这个问题，有必要对"班级区域活动"和"班际区域活动"这两种形式可能存在的利弊进行一番分析。跨班区域活动（班际区域活动）的优点，大致可以概括为三大方面：一是可以大大增加幼儿与不同群体交往的机会，促进幼儿社交能力的发展，提升幼儿社交水平；二是增加幼儿自主选择区域活动的机会，最大限度地满足幼儿的个体兴趣与需要以及增强幼儿自主判断的能力；三是教师所创设的教育资源可以做到资源利用效率与效益的最大化。

但不可否认的是跨班区域活动存在着非常致命的软肋，即区域活动内容和材料投放的调整与推进无法得以有效开展。因为跨班区域活动中的幼儿通常是全年龄段或跨年龄段，甚至是全园的。可以夸张地说，如果采用"自由选择活动区域内容"这一方式的话，在一周的时间内完全有可能出现"在某一区域活动中所参与的幼儿是未曾重复的现象"。幼儿处于高度的变换之中，这必然会给教师的有效观察带来极大的现实性困难。离开了有效观察何来有效的指导？

而班级区域活动所存在的利弊恰巧与跨班区域活动正好相反。也就是说，班级区域活动与跨班区域活动这两种区域活动形式各自的优势与缺点存在着高度的互补关系。

按此分析，对于幼儿园来讲，其理性的做法应该扬其所长避其所短，坚持两条腿走路的原则，尽量做到两者兼得，让两种形式并存共荣。在坚持两条腿走路原则的前提下，非常认同有的幼儿园所探索出的高明做法，即区域活动内容的设置与材料的投放以及区域活动的调整与推进以班级区域活动这种形式为主，且主张每个班级应尽量创设出具有本班特色的或者深受本班幼儿喜爱的一两个特色区域；在每周五天的区域活动时间（次数）安排上，采取四天为班级区域活动时

间,一天为班际区域活动时间,即采用"封闭与开放相结合原则"进行辩证处理。

但遗憾的是偏偏有的幼儿园在实践中"剑走偏锋"走极端,摒弃班级区域活动形式,而全部推行跨班区域活动这种"时髦"的新形式,这显然不是一种两全其美的考虑,而是有所得同时也有所失的做法。

## 二、区域活动材料投放存在的主要问题

### (一)缺乏儿童立场,材料投放想当然

教师在区域活动材料投放上时常会出现以教师的想法简单代替幼儿的兴趣或需要,材料投放因缺乏儿童立场而出现所投放的材料对幼儿活动来说是一种多余。既不能对幼儿的区域活动有明显的帮助,又无形中增加了教师的职场负担。

例如在科学区中,教师投放了一些木块、花片、纸皮、矿泉水瓶等各种各样生活中常见的材料和一张记录单,以期引导幼儿探索物体的沉浮。记录单上将这些物品以图片的形式画在了表格的左侧,右侧则分为两栏;一栏用图片表示"沉",一栏用图片表示"浮"。要求幼儿将这些物品一一放在水里,观察它的沉浮状态,并在相应的表格里用"∨"的形式记录物体的沉浮状态。探索物体的沉浮,本是幼儿十分感兴趣的活动,但是,由于教师对于玩法的具体要求以及高结构记录单的提供,幼儿在探索一次后便将这份材料搁置,鲜有问津。[①]

从该案例中可知,记录单的投放是基于教师的需要而非幼儿在活动中所需要的。解决的办法就是教师要将自己的预期目标转化为幼儿的活动需要,比如投放不同的材料让幼儿去实验,让幼儿来汇报哪些物体沉下去,哪些物体浮上来?这时可能会出现幼儿因记忆问题没有很好记住刚才的操作结果而导致误报。教师再通过组织幼儿讨论,并巧妙地引导到记录的好处,将对活动的记录转化为幼儿活动的需要。当然对于记录单的设计与记录方式,也希望教师组织幼儿通过讨论达成共识,尽量避免将教师的意志强加给幼儿。

### (二)缺乏开放立场,材料玩法单一化

教师在区域活动材料投放时,没有充分考虑到幼儿与材料互动的可玩性。

---

① 李燕:《开放与放开:对幼儿园区角游戏的几点思考》,《幼儿教育导读》2016 年第 10 期。

所投放材料的结构缺乏开放性,存在玩法较为单一化、难以激发幼儿对材料多元探索兴趣的问题,而导致幼儿在该区域活动的坚持性较差。

例如,在小班下学期区域活动中,教师在其中一个区域活动中设计了"旋塑料瓶盖"的活动内容,活动材料是这样设计的:教师事先将各种塑料瓶制作成花朵,粘在硬纸板上,每个硬纸板粘有六个用塑料瓶制作成的花朵,同时将塑料瓶瓶盖旋开放在操作板旁边,所提供的瓶盖数量大于"花朵"个数。很显然,该活动旨在锻炼幼儿小肌肉群、手眼一致以及将瓶盖与瓶口匹配的能力。但在活动中发现,能力强一点的幼儿,很快就将瓶盖旋进了相应的瓶口,幼儿至多再重复玩一次后,便直接拿起瓶盖在桌上玩起"滚瓶盖"的游戏,最后活动演变为幼儿相互扔瓶盖……

该案例中,教师在材料投放上存在着材料封闭、高结构的问题,活动设计也存在问题解决的情景性与游戏性不强,即不好玩,幼儿不爱玩、也不会玩,活动材料无法很好激起幼儿持续参与活动的兴趣。存在着材料玩法过于单一的现象,常常出现在一些学习性或练习性区域活动之中,有可能是区域目标明确而导致情境封闭、玩法单一。审视导致玩法单一的区域活动,不难发现往往教师所投放的材料通常是高结构化的。高结构化的材料投放思路,其实还会给教师在活动中的指导工作带来不必要的负担。特别是对于小班幼儿而言,因为幼儿不懂得玩,老师就得时常对他们进行手把手的指导。

解决材料玩法单一化现象的措施,一是教师应着重从形式上入手进行改良,设计出更好玩的活动形式,以增强幼儿在区域活动中的兴趣性。二是允许幼儿在完成教师既定的活动目标后,对该材料的玩法进行自主探索,不强制幼儿按教师既定的套路与材料互动。三是在区域活动设置上应积极践行游戏化理念,多提供一些低结构的、开放式的、可玩性强的材料,以让幼儿能在材料的操作摆弄中进行游戏性学习。

## 三、区域活动指导存在的主要问题

### (一) 能力上看不懂

对幼儿在活动中行为的有效观察与分析,是开展有效指导的基础。在现实考察中,发现教师对幼儿区域活动指导时常出现两个极端现象,即要么放羊式的"不为",要么想当然的"乱为"。细究个中缘由,主要的原因是看不懂活动中的幼儿行为。而看不懂的很大的原因乃是教师对各年龄段幼儿的学习特点、各年龄段幼儿在各方面发展水平等专业知识掌握不够全面、深入。例如,下面这个案例所展示的便是教师因误读幼儿行为,而出现的无效甚至是负效的指导。

> 在户外游戏活动时间,老师要求小朋友拿着自己的小皮球到户外玩。牛牛一个人在拍皮球,明明看见了,把自己的皮球放在了墙角,悄悄地走过去,趁牛牛的皮球弹起的时候,把皮球抢了过去。明明抱着皮球,得意地朝牛牛看了一眼,便开始拍皮球。这时,牛牛又用同样的方法把皮球抢了过来……就这样两人互相抢皮球,抢到皮球的一方,边拍皮球边似乎等着对方来抢。这时,站在一边的老师看见了,走过来说:"我刚才怎么说的?自己玩自己的,你们没听见吗?再这样,以后就不带你们出来玩了。"该老师说完就转头去问明明:"你的皮球呢?"明明指了指放在墙角的皮球说:"在那儿。""去玩自己的去,不要老抢别人的。"……

从该案例我们可以看出,两个男孩之间虽然发生了互相"抢球"的行为,但是并不能将它界定为幼儿间的"冲突",至少是在教师介入之前还没有演变为"冲突"。分析情景中幼儿的行为可知,其实两个男孩的行为是非常默契的,且行为后所伴随的是"愉快的情感体验",由此可以判定他们之间是正玩一种"抢球"的游戏。双方非常默契配合着,被抢的一方不但没有因此感到不悦,反而双方很自然地将"我拍你抢,你拍我抢"默认为"游戏的规则"。幼儿自发的这种"抢球"的游戏,既达到了教师对拍球技能练习的要求,又考验着双方对规则的遵守,以及各自在活动中的反应能力。幼儿在活动中情绪愉悦且态度积极主动,享受着活动的乐趣,其实是该活动所具有的一举多得的效果。

案例中的教师由于对幼儿的活动没有进行仔细观察,也有可能对当时幼儿的行为无法准确解读,而导致教师的指导不仅谈不上因势利导,使幼儿自发的活动提升到更高的层次,反而是起着负效的指导效果。教师不必要的干预,转移了幼儿原来活动的"生态",破坏了幼儿之间的正常游戏。

活动中的幼儿诚然是需要教师的介入,但是教师介入的目的在于维持和扩展幼儿的游戏内容。由此可知,教师在活动中的介入行为应建立在对幼儿活动的观察基础之上。只有通过观察,判断幼儿行为的意义,教师才能了解幼儿对当前活动的兴趣以及存在的问题,从而可以准确地做出是否进行介入以及何时、以何种方式介入的决定。

　　再如,在"怎样让泡沫块沉下去"的区域探索活动中,幼儿根据他们已有的经验提出"用石头压在泡沫块上让它沉下去"的假设,并通过实验来验证自己的想法。结果他们发现石头会滚来滚去,根本压不住。这时,他们又想到了"用胶布把石头绑在泡沫块上"并进行了实验,结果泡沫块还是会浮起来。教师看到这一情形就对幼儿说:"一定是不够重,再加几块石头就行了。"幼儿照着教师的指示去做了,结果实验成功了,可幼儿却你看着我,我看看你,说了一句:"成功了,我们去玩别的吧。"①

　　从案例中可知,教师的介入没有支持和延续幼儿的活动,反而终止了他们的思考和探究行为,让其失去了继续进行活动的兴趣,从而造成活动的中断。分析该教师之所以会出现这种负效的指导行为,其症结在于未能深刻领会幼儿科学活动的核心价值,是由教师不适宜的教学观念而导致不适宜的指导行为。

　　由案例中该教师的指导行为大致可以推知,该教师所持的乃是结果导向或知识导向的幼儿科学学习观,即结果的价值大于过程的感受与体验,知识的掌握重于探究意识与能力的培养。对幼儿在科学领域学习与发展活动中,幼儿在活动过程中所获得的感受、体验远远大于所知道的所谓的活动结果。在活动中去培养幼儿的探究意识、探究欲望,掌握探究的方法,体验探究的乐趣,应是幼儿在科学领域学习中最为核心的经验。

## (二) 态度上没耐心

　　教师在区域活动中出现无效或负效的指导行为,其主要原因是对幼儿在区域活动中的行为观察与分析能力不足而致,即因能力上看不懂而致行为上不适宜。其实,有时教师对幼儿区域活动指导的态度也是不可忽视的因素,即也有可能是因态度上无耐心而致行为上不妥切。

　　在实践活动中,有时教师也知道该如何做指导才是有效的。比如,在幼儿活动室的环境创设问题上,教师也知道让幼儿参与班级环境创设是幼儿进行有效

---

① 方燕洁:《如何提升教师的区域观察能力》,《幼儿教育研究》2017 年第 2 期。

学习与发展的重要途径,教师可以将班级环境创设作为课程资源进行研发,并设计相应的"我的环境我做主"的系列主题活动。但真正要将认识付诸行动时,往往教师又嫌太麻烦,认为与其在创设过程中要花太多精力去观察与了解幼儿,并依此做有针对性的个别指导,倒不如自己直接包办了事。

> 例如,有一天,孩子围成一圈,有说有笑。圈子中间有个水盆,盆里漂浮着一些玩具。学校有一个刚两岁半的男孩。教师并没有注意到他,他独自一人站在圈外,不难看出,他充满了好奇心。他开始慢慢走近其他孩子,想挤进去,但他没有劲,挤不进去。于是他就站着看教室的周围。就在无奈之际,一张小椅子落入他的目光,他突然显得有几许兴奋。显然的,他是决定把椅子搬到这群孩子的后面,然后爬上这个椅子。他开始走向椅子。脸上露出了希望的表情。正在这个时候,教师终于注意到了这个孩子,她走过去、抓住他,把他举过其他孩子的头顶,让他看水盆,并且还说:"来,可怜的小家伙,你也看看吧!"①

该案例中,教师之所以会出现"好心办坏事",有可能是该教师看不懂幼儿在为解决问题而付出的努力,也有可能是教师在现场观察中因缺乏耐心而直接采取了简单的包办代替方式。在本案例中,尽管该幼儿看到了漂浮着的玩具,但却没有体验到通过他自己的力量去克服困难所获得的快乐。教师的这种错误的干预方式,其实是剥夺了幼儿学习与发展的机会。

---

① 衡若愚、万中:《基于鹰架教学的有效幼儿观察理论与实践探讨》,《教学研究》2017 年第 3 期。

# 16

如何做好区域活动的观摩学习工作

__问__ ................................................

您经常到园去参加幼儿园活动观摩与教研活动,关于幼儿园的区域活动如何观摩问题能否谈谈您的个人体会?

__答__ ................................................

下园观摩区域活动或游戏活动,我一般会选站一个不会影响幼儿活动的地方,比较随机地在某个活动区域进行驻足观察。当我开始驻足观察该区域活动时,我想获得的第一组信息是:在该区域活动的幼儿对该活动感兴趣吗?我判断的指标很直接,就是看看该区域活动中的幼儿,会不会经常抬起头看站在旁边观摩的我。正常情况下,如果幼儿对该区域的活动是感兴趣的,他至多会抬头简单瞧我一下,甚至不会注意到我在旁边观摩他的活动;而如果在该区域活动的幼儿会时不时地抬头看着我,则说明他们对当下活动是不感兴趣的。

当然,导致幼儿对区域活动不感兴趣的原因可能是多方面的,比如活动内容挑战性不够、活动材料没有吸引力、今天他或她并不想在这个区域玩等等。我想获得的第二组信息是:在该活动区域中的幼儿,其所展现出来的行为是不是属于该年龄段的正常表现？该活动对幼儿发展是否具有促进的作用？也就是说，我希望看到幼儿在获得快乐体验的同时，更能获得发展的价值。

如果在我驻足观察时，能够顺利获取前面两组信息后，即幼儿能够专注地玩、能够有挑战性地玩，那么，接下来我会思考的相关问题是：假如我是本班教师，基于幼儿在活动中的表现，我应从材料数量的增删、材料质量的改变、活动任务的调整、情景设计的变化等方面入手，去考虑如何更进一步地推进该活动的可持续发展，以不断提升幼儿在该区域活动的质量。

另外，顺便谈谈我在观摩活动时的另外两个基本主张。一是主张关注活动中的幼儿，即作为观摩教师应将更多的目光放在幼儿的面部表情、坐姿等上，能反映"身体在场"的一些教育信息的关注上，通过这些信息去捕捉幼儿对当下活动是否感兴趣。如果观课者坐在幼儿后面观课，那意味着他只能看到幼儿后背，而作为最丰富的面部表情，尤其是幼儿的眼睛的变化等最有价值的信息，也将因观课位置问题而遗漏。而且，坐在幼儿后面，势必导致观课者的眼光更多的是投注在执教者身上，也即有可能将关注点过多地集中在"教"的信息，而忽略了"学"的信息。再且，太多观课者的眼光都投注在执教者身上，是否会导致执教者的"不适感"，如果观课者能尽可能地将眼光投放在幼儿身上，或许可以减轻执教者的压力。

二是主张关注活动的过程。在活动观摩时，幼儿园都会事先将准备好的纸质版的活动计划提供给观课者。而其实，本人更主张一种"无活动计划"的观课。理由有二，一是观课者事先知晓了该活动计划，也就意味着知道了"活动的结果"，在知道活动结果的情况下去观课，这本身就失去了应有的"神秘感"，这也就容易导致观课者在观课过程出现走神的现象。反之，观课者就必须全神贯注地投入观课活动，且活动中每次发生的事情，对观课者来说都有"因未知而生新鲜之感"。二是作为执教者，如果观课者手上没有该活动的计划，那么，也就意味着观课者事先不晓得"脚本内容"，这场"戏"到底要怎样"演"，全然控制在执教者手中。这样一来就可以给执教者创造了较好的生成活动的机会与空间。也就是说，如果在活动中恰巧有生成的元素出现，执教者就可以比较从容地加以应变。而如果该活动计划事先"曝光"，那么执教者在活动环节的推进中如果要做适当变更时，必然会有一种担忧：万一失败了，观课者会不会产生为什么不按原定计划走的质疑声音呢？

# 17

## 如何做好游戏活动的观察与介入工作

**问**

作为幼儿园老师都知道,做好幼儿游戏活动的观察与介入是一件很重要的工作,但有不少幼儿园老师其实在这方面工作做得并不是很理想。能否就此话题谈谈您的个人看法?

**答**

对幼儿游戏活动的有效介入与指导要基于教师的有效观察与分析,因而教师所具备的对游戏活动现场的观察与分析能力,是其组织与指导幼儿游戏活动的极为重要的专业基本功之一。那么,假如我是一位一线的幼儿园教师,在我带班时我又会怎样做好幼儿游戏活动的现场观察与介入工作呢?

## 一、明确具体的观察任务

在对幼儿游戏活动进行现场观察与分析时,首先应明确自己所要观察的具体任务是什么。也即,每次在组织与指导幼儿游戏活动时,我会带着明确而具体的任务去进行有目的的现场观察。因为教师在教育场景中的现场观察是一种目的性很强的专业行为，只有观察目的明确了，才能在复杂的现场中排除各种无关因素的干扰而进行聚焦式的观察，才能在活动现场中比较迅速地捕捉与收集与预定观察任务相关的有价值的信息。那么，我在对幼儿游戏活动进行现场观察一般会从哪几方面入手呢？我认为对幼儿游戏活动的现场观察，大致可以围绕七大方面来展开。

一是观察班级游戏空间及其位置的设置情况。班级各游戏区空间位置设置合理吗？各游戏区空间位置设置利于主题间的联系吗？会相互影响吗？有无公共通道便于幼儿走动呢？游戏区空间设置有无体现"既封闭又开放"的原则？各游戏区的空间能满足该区幼儿开展游戏活动的需要吗？

二是观察幼儿对游戏主题的参与情况。幼儿对该游戏主题（内容）感兴趣吗？有多少人参与？幼儿能专注地投入该游戏吗？幼儿能体验到游戏的乐趣吗？游戏的主题情节有变化、有推进吗？所建构的作品的质量或表演的水平有进步吗？我该做怎样的分析并提供相应的指导策略？

三是观察幼儿与游戏材料的互动情况。幼儿对教师所投放的游戏新材料感兴趣吗？有几位幼儿主动地玩起了游戏新材料？他们是怎样玩的？所投放的游戏新材料能够给游戏情节的推进、作品的建构或活动的表演带来帮助吗？幼儿对游戏新材料的互动与教师预期的一致吗？幼儿对游戏新材料的玩法有哪些是值得肯定与支持的？我可以采取怎样的支持策略以促进幼儿对材料利用效益作更进一步的挖掘与发挥？或是幼儿对已有的游戏材料是怎样互动的？幼儿对这些已有材料感兴趣吗？哪些材料使用频率比较高？哪些材料比较低？已有的材料能够满足幼儿目前开展游戏的需要吗？应该做怎样的增减式调整以更好地维系幼儿对该游戏区的游戏热情，更好地提升幼儿的游戏水平呢？

四是观察幼儿与同伴的互动情况。幼儿与同伴有互动吗？互动的频率与质量如何？是通过语言、肢体或两者兼有的方式进行互动吗？幼儿在与同伴互动时，展示其人际交往能力或语言能力处于何种发展水平？这些信息的获得，于活动现场我该怎样处理？于活动过后我又该如何将之纳入课程层面来进行审视？

五是观察幼儿游戏水平的发展情况。一方面，我会对幼儿游戏水平的发展情况作横向关注。即幼儿在活动中所表现出来的游戏行为是属于该年龄段的正常发展水平吗？如果是明显低于正常范围，那可能的原因是什么？可以进行怎样有效的干预？若在一次现场观察中，发现某幼儿或某几位幼儿游戏水平偏离正常水平，那我将再通过定人观察方式进行多次的观察，依据多次观察所获得的信息再作判断，并思考个中原因以及寻找有效干预措施。

另一方面，我也会对幼儿个体游戏水平的发展情况作纵向观察。即通过现场观察，去了解某位或某几位幼儿的游戏水平与其之前相比较有何进步？进步体现在哪些方面？如果没有进步，那可能的原因又是什么？或是会去关注某位或某几位幼儿，在今天的游戏中为什么会是这样玩？其反映了该幼儿或某几位幼儿已有的哪些游戏经验？我可以提供何种方面的帮助与支持？当然，对幼儿游戏水平的评量是透过其游戏行为或借助游戏作品的分析来进行的，而要对幼儿游戏水平作比较准确的研判，必须对各种游戏类型的各年龄段游戏行为特征、发展水平及指导要点做到了然于胸，因为这是教师观察与分析幼儿游戏水平所必备的基本专业知识。

六是观察幼儿在游戏中对所出现的问题的处置情况。幼儿在面对游戏中所出现的需要解决的问题，如在人际交往中所出现的各种矛盾与纠纷等，他们是怎样处理的？幼儿解决问题的能力是属于该年龄段的正常发展水平吗？如果是明显低于正常范围，那么可能的原因是什么？如果幼儿将问题提交给我处理，向我求助解决的办法，我应如何处理呢？如果时间允许的话，那我在面对幼儿所求助的问题，特别是游戏中所出现的诸如争执这方面的问题，我会先做出这样的思考：这些问题对幼儿身心发展来讲，到底蕴涵着哪些有益的价值？也就是说，在问题出现与解决过程中，我会更关注该问题所蕴涵的可促进幼儿发展的潜在价值，而非简单地期盼问题能否尽快地解决。并在此基础上，进一步考虑我具体的干预策略。

七是观察幼儿在游戏中出现"哇"时刻的情况。幼儿在游戏中有出现值得关注，并需要教师提供支持性指导的"不寻常"的"哇"点吗？这个"哇"点是指向个体身心发展方面的，还是指向游戏主题发展方面的？我如何根据不同的"哇"点，在现场或后续行动中提供有效的支持策略？

以上所列出的是幼儿游戏活动现场观察的七大块面的内容。当然，落实到具体的某一阶段或某一单位时间的幼儿游戏活动的现场观察任务，我会根据实际情况和需要事先选定某个观察内容作为某次现场观察的任务来实施。

## 二、选用适宜的观察方式

在明确幼儿游戏现场观察的基本内容之后,教师还应考虑好适宜的观察方式的选用问题。一般来讲,在游戏引入环节结束后,幼儿开始进入自主游戏环节之时,我首先会对全班幼儿的游戏情况作扫描式的整体性观察,如果发现有的游戏小组在场景布置、角色分配或任务分工等方面出现确实需要协助帮忙或指导的,我会通过介入方式提供适当的帮助,但不会简单地包办代替。

因为包办式介入可能给幼儿或活动带来负面的影响,如幼儿自己经过努力可以完成的事情,教师替他包办了,这其实是剥夺了幼儿学习与发展的机会;或是教师所包办的结果,有可能违背了幼儿的意愿,将教师的意志变相地强加给幼儿。比如在游戏场地的布置上,或许今天幼儿对游戏场地的布置有自己新的想法,而教师包办就有可能无意中压制幼儿的创意。因而,即使是基于全景式观察后的介入,我还是会秉持谨慎介入的原则。

如果经扫描式观察未发现明显的异常问题,那么,一般情况下我会根据事先规划好的观察任务进行重点观察。在作重点观察时,会根据观察任务的不同而分别采用定点或定人观察的方式。如果是旨在了解某个游戏区的幼儿游戏情况,包括了解该游戏区幼儿的游戏发展水平、游戏在不同阶段开展情况、游戏情节的推进情况、幼儿与材料互动情况、幼儿间的人际交往情况、游戏主题间的联系情况乃至是否有"哇"时刻的出现等,我会选用定点观察方式。

若是旨在了解某幼儿或某几位幼儿在游戏活动期间的表现,包括玩了哪些游戏、怎样玩、与谁玩、幼儿游戏水平较之以前有否进步等等,则会选用定人观察方式。当然,在现场观察过程中,也有可能因现场出现了比原先所规划的观察任务更有价值的观察内容而对观察任务作临时调整。

至于采用何种方式将观察情况记录下来?我在现场观察时会采用手机拍照、纸笔速记,事后再做比较详细的观察纪录(文字描述和分析)。不主张当班教师采用摄像机进行观察拍摄,因为如果用摄像机进行拍摄的话,那么教师的观察视野就很有可能被过分地局限于某个点上,而影响了对其他游戏区域活动情况所应保持的一种敏感性的关注与观察。

在实践中,尽管采用了定人或定点的重点观察方式,但我还是会尽量地做好现场注意力的合理分配工作,比如用余光兼顾或快速扫视其他游戏区域的活动情况,以及时做好一些突发事件的应对工作。我想这或许是当班教师现场"紧张式"观察与观摩教师"悠闲式"观察的区别之处吧。

在带班时我会选用适宜的方式,尽量做好幼儿游戏的现场观察工作。当然,我还会借助其他方式来了解本班幼儿游戏开展情况。比如可以通过幼儿游戏进区登记卡去了解一周以来某幼儿经常光顾的是哪些游戏区?哪些游戏区又是幼儿最喜欢光顾的?可以通过大班幼儿游戏绘画簿(即让幼儿将游戏前计划玩的内容,在游戏过程中具体又是玩了些什么以及是怎样玩的,草草几笔简单地将之画下来),请幼儿结合自己做的游戏绘画簿进行讲述,从而了解幼儿在游戏中到底都玩了些什么?是怎样玩的?怎样想的?以弥补在现场观察中因精力所限等原因,而出现的观察不全面、不到位的局限。

## 三、采用有效的介入方式

至于在观察基础上如何做好现场的介入与指导工作,我会根据三种基本情况而采用不同方式进行现场的介入与指导。

一是当幼儿出现了非游戏行为,如打骂他人、追逐打闹、大声喧哗等,我会采用直接的方式介入并加以引导,尽量让他们尽快进入游戏活动状态。当然,如果遇到某幼儿在某次活动中偶尔游离了游戏,但其并没有影响到他人游戏活动,在引导无效的情况下,我会选择尊重该幼儿的活动意愿。因为我认为该幼儿今天不愿意参与游戏或许有其充分的理由,既然我无力引导他,尊重总比强迫更适宜吧?正如人们所言:既然不能挽留,目送未尝不是一种不错的选择。

二是当幼儿游戏濒临解体的危险时。比如刚开始该游戏还挺热闹的,有几位幼儿还"忙得不亦乐乎",后来发现原先玩得还挺投入的幼儿慢慢地"不见了",有些幼儿转到别的游戏区去玩了,而留下来坚守岗位的幼儿也勉强在撑场,显得有点无聊。

如果观察到这种情况,那我会先比较迅速对问题产生的可能性原因做出研判:是该游戏缺少了"对手戏"的"演员"而玩不起来?还是幼儿对游戏开展流程不清楚,不懂得玩?是幼儿对游戏主题经验不够丰富,玩得比较单调而无法体验游戏的乐趣?还是幼儿游戏遇到了需要他人帮助的困难,因无法完成游戏任务而致使游戏有被迫终止的可能?然后,再采取间接的方式及时介入。如通过扮演"病人"去医院看病,并通过"病人"这一"交叉性角色"的介入,对濒临解体的医院主题游戏进行间接性指导。一般来讲,教师对某一游戏的主动介入,往往会引起该游戏区周围幼儿的关注。在教师的有效指导、幼儿积极参与以及游戏活动的继续推进下,往往该游戏主题在此情况下会出现一个小高潮。

三是当幼儿游戏水平出现停滞不前,游戏作品简单、游戏情节单一的现象时。同样地,我也会先对个中原因做一下评量:是幼儿自身游戏水平的局限而使游戏情节无法深入推进?还是游戏材料投放单一而影响游戏作品的丰富性与生动性?再通过及时开放或投放相关游戏材料,或扮演游戏中重要的角色进行平行式的介入指导。如通过扮演"妈妈"这一平行角色介入娃娃家游戏,在介入娃娃家游戏过程中,扮演"妈妈"的我自然会有意识地通过语言、表情或肢体动作等外显行为来引起同在娃娃家游戏区的其他幼儿的注意,并努力地让他们对我的游戏行为进行观察和模仿,从而帮助幼儿将游戏情节向前推进,使游戏活动玩得更丰富而精彩。

以上所介绍的三种情况,均属于教师需要以"显性方式"直接参与幼儿游戏的指导工作。其实,在幼儿游戏的指导方式上,还有一类指导方式是属于非直接参与的"隐性指导",如透过眼神、表情等态势语对游戏中的幼儿进行暗示或鼓励。除外,我主张以欣赏的眼光、宽容的胸襟或静待的耐心来观察幼儿的游戏。我认为,在现场游戏观察与介入过程中,教师应确立起两种基本观念:一是幼儿拥有不受成人随便干扰而安静活动的权利,二是教师在现场观察其实就是对幼儿游戏的一种参与与指导。

在实践中不难发现这样的现象:教师可能是本身不懂得如何去做好幼儿游戏的现场观察工作,即不会看或看不懂幼儿游戏;或是担心被批评对幼儿游戏没有指导,而出现了诸如联防队员四处巡查或随意光顾幼儿的游戏,并"瞎指导"一番的怪现象。这种无效的介入与指导,其实是对幼儿游戏热情的最大伤害。

对幼儿游戏的现场观察与指导质量,彰显着教师专业水平。而教师专业能力的增强,专业经验的丰富是端赖于平常的专业训练与积累。相信教师在平时的游戏观摩教研中,在自己积极的反思、他人友情的帮助、专家有效的引领下,有意识地加强这方面的训练,则对幼儿游戏的现场观察与指导水平的提升是指日可待的。

# 18

## 如何认识当前所出现的一些区域活动类型的新提法

**问**

在查阅专业文献时，经常会看到很多有关区域活动类型的新提法，如项目式区域活动、主题式区域活动、生态式区域活动等。能否就当前所出现的区域活动新类型谈谈您的看法？

**答**

在《〈指南〉解读》一书中，华爱华对区域活动类型持四分法观点，即表现性活动区（装扮区、表演区、建构区、美工区）、探索性活动区（益智区、科学区、沙水区、种植饲养区）、运动性活动区（固定运动器械区、可移动运动器材区、自然游戏区）、欣赏性活动区（阅读区、展示区）。

而董旭花则是持二分法，她认为"无论在哪个区域，幼儿从事什么样的活动，不外就是两种：一种是游戏倾向的活动，一种是学习倾向的活动。通常游戏倾向的活动是幼儿喜欢选择的，比较热闹，更富有创造性和变化性；而学习倾向的区域一般是教师根据教育目标投放材料，因而目标性更强，更具有学习和技能练习的成分，教师通过控制材料支持或引导幼儿的活动。学习型的区域相对来讲比较安静,有一定的规则,讲究秩序,对于幼儿的智能和动作发展有益,也有助于幼儿良好学习品质的形成"。①

个人原则上同意董旭花这种二分法,但对学习性的区域活动这一提法不赞同,理由很简单,难道游戏性的区域活动就没有学习吗?显然,所划分的区域活动类型名称出了问题。如果是持二分法,个人主张将区域活动类型以两种方式进行划分:一种是以活动目标开闭程度,将之划分为"活动目标开放型区域活动"和"活动目标封闭型区域活动",前者的区域活动关注游戏性,后者则是强调活动的练习性;另一种是以活动是否属于预设范畴,将之划分为"预设型区域活动"和"生成型区域活动",前者的活动内容为教师预先设置,后者的活动内容为幼儿根据现场材料与情景自主生成。

而如果从幼儿园课程运行的现实形态来说,大家比较熟悉的区域活动类型主要有三种。一是常规区域,在日常课程运行中,教师会根据幼儿认知、情感、社会性、语言、动作技能等多方面的发展需要,在班级设置表演装扮区、积木区(建构区)、美工区、科学区、图书区(语言区)、数学区(操作区)等 6~7 个功能各异的常态式活动区域。二是主题区域,在日常课程运行中,班级中有个别的活动区域是随着主题活动的开展而开展的,随主题活动的调整而调整,即所谓的主题背景下的区域活动。三是特色区域,可以理解为本班开展得最有成效的、深受幼儿喜爱的、百玩不厌的区域,即"人有我优";也可以理解为"人无我有",即别的班级没有开展,我的班级有开设,且深受幼儿喜欢的区域;或者是某幼儿园为了体现创承优秀传统文化,将一些富有本土特色的元素融入区域,主要体现在区域材料、区域内容的本土性;或者干脆为融入本土文化而特设的"功能指向明确、个性鲜明"的区域。

以上关于区域活动类型的划分,不管是采用什么样的分类标准,都会给出区域活动的名称,区域名称的命名要么指向材料、功能,要么指向行为或是领域学习内容。总之,都是预先设置与安排好的。个人建议在区域活动设置时,如果在空间环境允许的条件下,最好能腾出一个活动空间由幼儿自主安排区域的活动内容,这个空间位置没有特定的活动任务,即"我的空间我做主"(前述"生成型区域活动")。当然,要支持幼儿开展"我的空间我做主"这样的活动,教师需要有相

---

① 董旭花、王翠霞、阎莉、刘霞编著:《幼儿园创造性游戏区域活动指导——角色区·建构区·表演区》,中国轻工业出版社 2015 年版,第 2 页。

应的配套措施,比如在活动室里设置"百宝箱",供幼儿根据需要自主取放活动材料。

除了上述所介绍的几种区域活动类型外,目前在区域活动中有出现一些新形态或是新类型,如主题式区域活动、项目式区域活动、生态式区域活动等。

所谓的主题式区域活动,指的是主题活动内容以区域活动形式为主要推进方式,即班级所有的区域活动内容是围绕某一主题活动内容而展开的。各区域活动内容之间既相对独立,又呈并联关系。例如大班小汽车主题式区域活动[①],在益智区设计了根据车牌号停停车位的游戏,帮助幼儿学习数字之间的对应关系;在美工区,请幼儿设计自己的小汽车,可以用画笔画,也可以用轻黏土制作;在阅读区,投放了有关汽车的绘本,让幼儿了解汽车的种类、构造以及制作过程;在建构区,幼儿可以为各种小汽车搭建大型马路、大桥等;在音乐区,幼儿将汽车的各种废旧零件变成"乐器",用木棒敲击,发出动听的声音,就像"汽车交响乐"。

所谓的项目式区域活动,指的是班级区域活动内容共同承担着某一需要完成(实现)的项目任务,班级各区域活动内容具有明显的相互联系,呈串联关系。如大班超市项目式区域活动,建构区的任务是运用大型纸盒、大型积木搭建超市大楼;益智区的任务是分类摆放超市的物品并设计价格牌;美工区的任务是制作超市里的各种创意广告牌;科学区的任务是在了解小推车构造原理的基础上,为超市制作小推车,这几个区域活动内容都是共同围绕"超市的顺利开张与营业"这一大项目任务而忙碌着,各区域活动既相对独立,但又相互联系。[②]

大家经常使用的生态式区域活动这一术语,其实所强调的是区域活动作为一种课程活动类型应该要与其他课程活动类型,比如集体教学活动、游戏活动、生活活动等有机联系;这种有机联系的思路,还延伸到园内与园外,即家庭资源与幼儿园课程活动的有机联系,通过联系使得通过区域活动所带给幼儿的经验具有一定整体性,而不是孤立、零碎的。

---

①② 张萌:《基于项目活动的幼儿"偏区"指导策略》,《上海托幼》2017 年第 10 期。

问

　　我们幼儿园三个楼层的室外走廊和公共活动空间都比较宽敞,因而我们利用这些比较宽敞的公共活动空间开展了年龄段的"共享型区域活动"。这些"共享的公共活动区域",除了紧挨在每个班级门口都有一个属于该班的活动区域外(我们一个年龄段有五个班,这样在室外的走廊上就有五个活动区域),我们还在公共活动区域又设置四个区域,这四个区域属于公共活动区域,即不属于某一班级具体负责与使用的区域。我们给每个年龄段的"共享型活动区域"赋予一个共同的主题,比如中班年龄段的主题是闽南民间戏剧主题,则中班年龄段所开展的便是"闽南民间戏剧共享活动区域"。

　　在具体开展过程中,考虑到"共享型活动区域"的空间容量问题,我们是采用两个班级或三个班级跨班活动,比如中一和中二跨班活动、中三、中四和中五三个班级跨班活动。在跨班区域活动期间,所跨的班级原来的区域活动其实也是属于"共享范畴",这两个班级的幼儿既可以在本班的活动区域,也可以到室外的共享型公共活动区域。但在实际开展过程中,有混班活动意向的幼儿一般都会到室外的共享活动区域,本班的区域活动还是以本班幼儿为主。现在,我们遇到的问题是:负责指导共享型活动区域的老师反映该活动难以推进,请问关于混区指导与推进方面您有什么好的意见和建议吗？

**答** ..........................

　　幼儿园在活动室外的走廊上能拥有这么宽敞的公共活动空间，这是很难得的课程活动资源，你们将之开发为实施共享型区域活动，这个做法是值得肯定的。而从你们的描述可知，你们所谓的"共享型区域活动"，其实是属于"同龄混班区域活动"，即是以年龄段为单位，打破班级界限，让幼儿按意愿自主选择同龄伙伴，自由选择设置于室外走廊上的这些公共的活动区域，并开展相应的区域活动。你们所提及的同龄混班区域活动的指导与推进问题，我的建议有三点。

　　一是应做好立足于活动当下的指导工作，即负责该区域教师基于现场的观察而进行的现场介入指导。二是建立起同龄混班区域活动后的反馈机制，即借鉴在班级开展区域活动后，一般都会安排幼儿经验分享与交流环节这一做法，在混区活动即将结束之时，即在幼儿将区域材料整理归位后，负责该区指导的教师应就地组织在该区域活动的幼儿进行活动后的反馈工作，并力求通过活动后的这一反馈环节，及时分享有益经验或解决活动中存在的问题，以达到不断提升幼儿的活动经验的目的。三是负责该区域活动的指导教师，应做好"幼儿与区域活动材料互动情况的观察记录"（见附件资料），即通过收集区域中材料与幼儿互动的频次及质量这样的信息，研判之后，再以区域活动材料投放的"增删策略"来推进同班混龄区域活动的开展。

　　但不管怎么讲，由于跨班区域活动每次参与活动的幼儿不同，再加上负责该区的老师与幼儿不熟悉等缘故，要比较到位地做好活动的指导与推进工作，在客观上确实有较大的困难。因而，我们就有必要进一步考虑为什么要开展这种跨班区域活动呢？即跨班区域活动的价值何在？跨班区域活动的最显著的或者说是特殊的价值就是促进幼儿社会交往能力的发展，即扩大幼儿与"熟悉的陌生伙伴"交往的机会，并在交往中达到锻炼与增进幼儿社交能力的目的。

　　这也就是说，跨班的班际区域活动这种形式，并不能完全替代大家所比较熟悉的非跨班的班级区域活动，其两者应该是属于并存的关系。至于应以何种方式共存，即跨班与非跨班区域活动的具体比重问题，则应根据幼儿园实际情况而定。个人比较倾向于"4＋1模式"，即在一周内，开展非跨班的班级区域活动次数为 4,而跨班的班际区域活动为 1。顺带说一下,若从前述关于跨班区域活动价值的分析来审视"同龄混班区域活动的指导问题",其实在同龄混班区域活动的指导与推进上,其重点应是幼儿的人际交往上,即幼儿能否很快与"陌生的熟悉同伴"熟悉、结伴,并友好而有质量地共同开展活动。

你们所说的每个年龄段的"共享型区域活动"都有一个主题,比如中班年龄段的主题就是闽南民间戏剧主题,即"闽南民间戏剧共享活动区域"。这也就是说,在中班年龄段的这九个"公共活动区域"在"活动内容"上其实是属于同一类的。同一性质的区域活动内容,尽管活动形式不一样,但其所能带给幼儿的活动经验,在多样化与丰富性方面是有很大风险性的。因而,个人建议作这样的调整:紧挨在五个班级的"公共活动区域"改为属于该班的"特色活动区域",即是该班所独有的区域活动,其活动内容与其他班级不交叉重复。而在公共活动空间所设置的另外四个活动区域,则可以冠以某一主题,但建议同属于某一主题的这四个区域活动之间应是既相对独立又相互联系。这样的处理方式,既保留了原来各楼层各具某一主题的设想,又可避免在活动内容上存在性质过于单一而导致幼儿在活动中易患"审美疲劳"的毛病。

至于跨班与非跨班区域活动开展的比重,其实除了上述"4+1模式"外,即假如每周固定是在周四和周五两天开展混区活动,周四为"两个班级混区"(混班顺序为第一周为中一和中二,第二周为中一和中三,依次类推),周五为"三个班级混区"(混班顺序为第一周为中三、中四和中五,第二周为中二、中四和中五,依次类推);你们园也可以基于班级与班际区域活动并存的思路进行积极的尝试,比如可以每次区域活动时间每班选出一定数量的幼儿(具体每班应选取多少幼儿参与,应根据"共享型区域活动空间"所能容纳的幼儿数而定),如每次选取 8~10 名幼儿去参与"共享型区域活动",其余的大部分幼儿在本班开展班级区域活动。

当然,到底哪种方式合适,应交给实践去检验。我希望你们园可以考虑将这种"共享型区域活动"的实践探索进行持续研究,在弄清楚同龄混班区域活动的组织与指导的基础上,继续探索混龄混班的区域活动。在混龄混区的探索进程上,可以先考虑两个年龄段混区,比如"大带小混区""相邻年龄段混区",再逐步推广至三个年龄段混区活动。

## 附件资料：混龄区域活动观察记录表①

### 混龄区域中幼儿社会性发展水平观察记录表（一）

区域名称：　　　　　　　　　记录时间：　　　　　　　　　记录人：

| 年龄组成<br>游戏行为 | 小—小 | 小—中 | 小—大 | 中—中 | 中—大 | 大—大 | 小—<br>中—大 | 合计<br>（人次） |
|---|---|---|---|---|---|---|---|---|
| 独自行为 | | | | | | | | |
| 平行行为 | | | | | | | | |
| 联合行为 | | | | | | | | |
| 合作行为 | | | | | | | | |
| 合计（人次） | | | | | | | | |

说明1：上表以"人次（时间）"的形式记录，如观察到有大班3人合作游戏5分钟20秒，则在对应单元格中记为"3(5′20″)"

说明2：本表中的各类游戏行为的操作性定义

① 独自行为：幼儿在同一相对小的空间里各玩各的，不参与附近幼儿的活动

② 平行行为：在同一活动中，幼儿用相似的方式使用相近的游戏材料或玩具，但无意图彼此进行交流，有时会出现幼儿之间的模仿行为

③ 联合行为：幼儿之间有互动，甚至彼此分享他们的游戏材料，但不参与共同的活动

④ 合作行为：幼儿为了共同的目标，通过协商共同游戏

### 混龄区域中幼儿与材料互动情况观察记录表（二）

区域名称：　　　　　　　　　记录时间：　　　　　　　　　记录人：

| 材料种类<br>互动情况 | 1<br>花片(低) | | | 2<br>积木(低) | | | 3<br>…… | | | 4<br>…… | | | 5<br>…… | | | ……<br>…… | | |
|---|---|---|---|---|---|---|---|---|---|---|---|---|---|---|---|---|---|---|
| 兴趣程度 | A | B | C | A | B | C | A | B | C | A | B | C | A | B | C | A | B | C |
| 没有兴趣 | | | | | | | | | | | | | | | | | | |
| 较有兴趣 | | | | | | | | | | | | | | | | | | |
| 兴趣很高 | | | | | | | | | | | | | | | | | | |
| 合计 | | | | | | | | | | | | | | | | | | |
| 操作水平 | A | B | C | A | B | C | A | B | C | A | B | C | A | B | C | A | B | C |
| 无目的性探索 | | | | | | | | | | | | | | | | | | |
| 特殊性探索 | | | | | | | | | | | | | | | | | | |
| 多样性探索 | | | | | | | | | | | | | | | | | | |
| 合计 | | | | | | | | | | | | | | | | | | |

① 本表格由福建省晋江市第三实验幼儿园刘志清提供，吴振东指导。

幼儿园课程与教学问答 50 例

续　表

| 材料种类 / 互动情况 | 1 花片(低) | | | 2 积木(低) | | | 3 …… | | | 4 …… | | | 5 …… | | | …… …… | | |
|---|---|---|---|---|---|---|---|---|---|---|---|---|---|---|---|---|---|---|
| 使用频率 | A | B | C | A | B | C | A | B | C | A | B | C | A | B | C | A | B | C |
| 从不使用 | | | | | | | | | | | | | | | | | | |
| 偶尔使用 | | | | | | | | | | | | | | | | | | |
| 较常使用 | | | | | | | | | | | | | | | | | | |
| 合计 | | | | | | | | | | | | | | | | | | |

说明 1：上表中 A、B、C 分别代指小班、中班、大班。上表在记录时以数字形式记录，如观察到大班 3 人对花片兴趣很高，则在对应单元格记为"3"

说明 2：本表中的各项操作水平的定义

① 无目的性探索：指幼儿无目的地操作、摆弄材料

② 特殊性探索：指幼儿积极主动地操作、摆弄材料。此时幼儿的探索以玩具或游戏材料本身的性质为指向，它主要回答"这是什么?""它有什么用?"等问题

③ 多样性探索：指幼儿开始按照自己的想法而不是按照玩具或游戏材料的特性来使用玩具或游戏材料。其探索具有想象和创造的因素，主要回答"我还可以用这个东西来干什么"的问题

说明 3：单次混龄区域活动中，材料的使用频率从不使用、偶尔使用到较常使用，分别指"没有幼儿使用该项材料、5 个及 5 个以下幼儿使用该项材料、5 个以上幼儿使用该项材料"

说明 4：材料种类一栏可根据各个区域的不同情况进行填写

# 20

## 如何开展好混龄区域活动

在积极推进区域活动的过程中,我们发现有不少幼儿园也开始慢慢探索起混龄区域活动。混龄区域活动肯定与大家所习惯的在本班开展的同龄区域活动是大不相同的,能否就如何开展好混龄区域活动谈谈您的看法?

如果用一句话来概括《幼儿园工作规程》《幼儿园教育指导纲要(试行)》《指南》对幼儿园教育实践的最大贡献的话,我认为分别是"游戏概念深入人心""推行区域活动"和"明确课程目标"。《指南》对当前区域活动开展的要求,准确说就是"深化"二字,具体来讲就是主张"区域活动游戏化和开放性"。

区域活动的开放性特征的最直接的体现,就是打破班界开展跨班区域活动,且已成为目前区域活动中一种比较普遍的新形式。在跨班区域活动中,又有同龄跨班和异龄跨班之分,异龄跨班区域活动,又可以称之为混龄区域活动。显然,异龄跨班的区域活动的开展难于同龄跨班。在谈实践中如何有效地推进混龄区域活动的开展这话题之前,先谈一谈如何处理好班级区域活动与班际区域

幼儿园课程与教学问答 50 例

活动的关系。

本人一直坚持这样一个朴素的观点：教师具备开展学科（领域）活动的能力是开展好单元主题活动的基础。现在，在面对跨班区域活动（或者称为"班际区域活动"，这里的跨班区域活动特指同年龄段的跨班，非"大带小"的混龄跨班区域活动）与班级区域活动的新情况下，本人想再提出这样的看法：具备开展班级区域活动的能力是开展好跨班区域活动的基础。

鉴此，本人不主张一些以新教师居多的新开办的幼儿园全园推行跨班区域活动这种急躁冒进的做法。道理很简单，新教师都还处于对本班区域活动的组织与指导策略熟悉与内化的阶段，这一阶段包括通过对本班区域活动情况的观察了解，去增删或优化区域的材料，或是对区域活动内容进行调整以及对区域活动的有效推进等。

应该说，这个区域活动有效组织与指导是需要一定时间磨练的。如果园长不遵循教师专业发展的应然逻辑，而一味想通过"弯道超车""跨越式"的非常规发展路径，必然会给教师专业发展带来很大的伤害。到头来，不要说对跨班区域活动的组织与指导，就是本班区域活动的组织与指导这样的基本功，若干年之后，对这些已不再是新教师的教师都会感到满头雾水。可以这样说，白纸好写字，难在如何才能写好字。

对于新教师而言，不宜一下子就要求她们全面推行跨班区域活动（如果采用一周中四次本班区域活动，一次跨班区域活动这种渐进方式是可以的）。同样地，对于新入园的小班幼儿也是不适宜实施跨班区域活动形式的。因为小班幼儿还处于对班级环境、幼儿园环境以及班上同伴熟悉的阶段，且尚未具备开放合作的意识和能力，在小班开展跨班区域活动，会出现类似小一班的小朋友不敢去小二班玩区域活动，小一班小朋友排斥来跨班玩区域活动的小二班小朋友，说你不是我们班的小朋友，你不能来我们班玩的现象是再正常不过的。

那么，在实践中如何有效地推进混龄区域活动的开展呢？我们认为，开展混龄跨班区域活动是需要一定条件支持的，比如，我们认为新小班，即小班上学期正处于适应幼儿园集体生活以及规则意识养成阶段，不适宜开展混龄区域活动。

这些支持条件主要包括三个方面，即空间支持、材料支持和策略支持。

一是空间支持。区域本身就是一个空间概念，混龄区域活动的空间要求肯定要比班级区域活动来得高一点，因为在同一区域空间中，不同年龄不同班的幼儿在一起活动时，肯定没有像在同班级活动那么熟悉与默契。如果混龄区域活动的空间不够大的话,再加上不同年龄班幼儿各方面发展本身所存在的差异性,比如小班幼儿的作品保护意识明显不如中、大班,因空间拥挤而不小心发生碰坏同一区域别人作品的现象肯定时有发生。

二是材料支持。幼儿在区域活动中的主要行为首先是幼儿与材料的互动,其次才是与同伴的互动。材料是幼儿区域活动的物质基础,也是教师教育活动意图的载体,没有材料的投放也就没有区域活动的开展。在混龄区域活动中,如果所混的是三个年龄段,那么,教师在这个混龄区域的材料投放,本身就应明确体现出三个年龄段的差异,有经验的教师还会在该混龄区域中用一定的标识明确区分材料的难易程度,比如用"1、2、3"或"红、黄、蓝"进行标志识别。我们可以想象一下,有了材料支持,每个年龄段的幼儿来这个混龄区域都能找到适宜他们玩的材料,自然而然就可以在这个区域玩起来了,当然,我们所希望的是他们能真正地混龄地玩了起来。但可以很明确的是,能否混龄玩起来的前提是每个人都能找到适宜他玩的材料玩起来。从现实的角度来讲,要让幼儿混龄地玩起来往往是需要特定条件的,比如教师明确要求中、大班幼儿,每人要负责带一名小班小弟弟或小妹妹,只有在这种明确的任务驱动下才有可能真正混龄地玩起来。

三是策略支持[①]。凡事都有一个发展的过程,作为幼儿来讲,开展混龄区域活动同样也是需要一个经验积累的过程。有经验的老师会采用逐步推进的方式来进行混龄区域活动的开展。具体逐步推进的策略,从年龄角度讲,先同龄混再异龄混;从范围维度说,先两个班级混再三个班级混,并逐步扩大混班的规模,即先小范围混龄再大范围混龄。比如,某幼儿园创设了一个混龄大区域活动空间,目的是让三个年龄段幼儿都可以同时参与进来。他们是采用先小范围尝试混龄,即小、中、大各先选出一个班级来混龄,让幼儿事先熟悉另外两个班级的孩子。活动前,三个班级的老师各自在本班向幼儿交代今天活动的内容以及相关的活动常规,让幼儿有心理准备。小班的老师告诉幼儿,和哥哥姐姐玩,要多征求哥哥姐姐的建议;中班的老师告诉幼儿,要多爱护自己的小弟弟和小妹妹,可以和哥哥姐姐一起玩,但要学会爱惜别人的作品;大班的老师告诉幼儿,自己是幼儿园里的大哥哥和大姐姐了,要主动和弟弟妹妹玩,多包容他们。

---

① 郭凯霞:《"混"与"不混"》,《学前教育》2018 年第 4 期。

很多去参观学习"安吉游戏"的园长和老师回来后,也开始在幼儿园大力开展户外区域活动,并形成一种户外区域活动热的现象,凡是区域活动统统都搬到户外来开展。请问您对户外区域活动是怎样看的?

"安吉游戏"带给大家的视觉冲击之一,便是幼儿在户外区域活动中所呈现出来的一片繁忙与热闹的景象。"安吉游戏"对幼儿园户外活动场地的充分利用,让幼儿的活动从室内延伸到户外,在大大拓展了幼儿活动空间的同时,也大大丰富了幼儿活动的体验,毕竟户外区域活动所带给幼儿的感受与体验肯定是异于室内的。"安吉游戏"将户外活动场地的作用充分地发挥起来,并大大拓展了户外活动场地的功能。

此举让人们对户外活动场地的功能有了一个比较新的认识,户外活动场地已不再仅是用来开展早操、升旗、体育活动以及一些玩沙建构或嬉水活动,而是可以根据幼儿的兴趣、需要来开展更丰富、更多样的其他类型的活动,如角色游戏、表演游戏以及幼儿自发的一些自娱自乐的开放性活动。纵观"安吉游戏"对学前教育理论界的贡献,便是大家更进一步地思考游戏与课程的关系,即"游戏课程化"。由"安吉游戏"而催生的"游戏课程化"思考,自然包括户外区域活动或户外游戏活动。

当然,开展户外区域活动有一定的条件制约,比如天气、场地以及便于取放的活动器械室等。如果条件许可的话,应倡导多多开展一些户外区域活动,让幼儿有更多的机会接触户外,并积累更多的户外活动经验。毕竟对现在的幼儿来说,其"室内活动经验"是远远大于"户外活动经验"。

基于幼儿园和家庭所提供给幼儿的经验应尽可能是呈互补关系,以使幼儿从外界所获取的经验更加多元与丰富的考量,主张有条件的幼儿园应加大幼儿户外区域活动的实践研究,研究的内容包括户外区域活动的有效组织与指导,幼儿户外区域活动经验的整理与提升,户外区域活动与其他活动的关系等,以不断提升幼儿户外区域活动的质量。有研究表明,"出于时间、环境、安全等很多原因,儿童的户外游戏变得非常难得,他们的身体得不到自由的伸展和想象。而实际上,切尼和伦敦(Cherney & London,2005)的研究发现 5～13 岁儿童中 68％的男孩和 50％的女孩偏好在户外活动"。[①]

---

① 严加平:《什么内容适合采用游戏化方式来学习——基于对游戏本质、知识分类及儿童学习理解的思考》,《上海教育科研》2018 年第 8 期。

# 22

## 如何认识与创设好特色区域活动

现在幼儿园在接受评估检查时，很强调特色二字，就是在区域活动的实施过程中，也常常被问及你们园或你们班的特色区域活动是什么。那么，到底该如何理性地认识与创设好特色区域活动呢？

关于何谓"特色区域活动"，在第十八个问题中已有说明，不再赘述。区域活动是幼儿园课程实施的重要途径之一，理想中的区域活动所带给幼儿的有益经验应该是多元的、丰富的，且是有机联系的、整体的。而区域活动的低结构特征，决定着教师只能通过内容设置与材料投放等途径来间接体现教师的教育意图。因而，教师在各区域活动内容的创设上，乃至某个区域活动材料的投放上都会尽可能体现多样化。

这犹如学校的运动场上，本来就有提供了各种各样的运动器械和运动区域，学生进入该运动场既可以按自己的兴趣，也可以依自己的需要选择适宜自己的运动项目（内容）。如有的在跑步、有的在打球、有的在跳高、有的在跳远、有的在投掷标枪、铅球和铁饼等,总之,这样的运动场景必然是丰富多彩、生动活泼的,也是令人欣喜的。

譬如现在有专家提议(其实是强制要求,因为评估有要求)运动场上都是这些现代运动项目,大家都是这样做就没有特色,应该要体现地方特色,特别是要有地方民间体育活动项目。诚如是,在原来如此丰富的运动场景再加上一些确实富有地方特色的民间体育运动项目,其实也是不错的选择,因为此时的运动场上,不仅运动项目更多样了,而且还有特色,这着实是一件锦上添花的好事情。

但遗憾的是,不晓得是上级指导者念歪经,还是单位主管会错意,此后经专家指导过的运动场的真实场景却是大家都在开展地方民间体育活动项目。比如都在貌似很卖力地跳着"拍胸舞"(闽南民间体育舞蹈),再没有看到有人在跑步、踢球、吊单杠……(因为已经将这些运动器械与运动区域撤掉,不让玩了)试想一下,是不是所有进运动场的学生都喜欢跳"拍胸舞"? 学生如此只能跳"拍胸舞"会不会给他们的"运动经验(技能)的获得"带来片面化的危险?

上述这个例子所说明的恰恰就是当下幼儿园区域活动为了体现特色,纷纷采用加入本土资源时常见的错误的做法。如果所有的区域活动内容设置和材料投放都要体现本土特色,这是不是在内容设置和材料投放上从原本是多元走向了单一? 是不是大大地窄化了区域活动内容选择和材料投放的空间?"这样的特色设置"所带给幼儿的经验是不是有可能导致单一而片面,而不是越来越多元、越来越丰富、越来越生动、越来越个性?

区域活动建设的个性化(特色性)应该是建立在多样化、丰富性的基础之上,离开了多样化、丰富性去追求所谓的"个性化(特色性)",这不仅犯了只追求数量(追求感官浅层次的刺激)没有很好地从质量这一深层次去追求特色建设的错误,而且犯了与幼儿园课程建设基本路向背道而驰的方向性错误。

**问**

　　有支教教师去某幼儿园指导区域活动时说，"小班区域活动设置中不能开设数学区"。您认为这种说法对吗？

**答**

　　设置数学区的思路，其实就是将区域活动视为幼儿学习数学的形式或途径之一，且这种学习方式是偏向于对已有数学经验的"复习与巩固"。当然，教师也可以通过对幼儿在数学区中的具体活动的过程性观察，以获得幼儿在数学学习与发展上差异性的相关信息，并作有的放矢的个别指导。

　　但由于数学学习的特殊性，教师赋予数学区的活动目标往往比较明确而封闭，从而直接导致幼儿在数学区的活动呈现"高结构"特征，即"玩法单一、结果唯一"。如果教师在数学区活动的设计上，未能充分考虑到活动的"情境性（有趣）"和"情节性（会玩）"问题。那么，幼儿在数学区的活动效果肯定是令人担忧的，即极易出现幼儿不感兴趣、不爱玩，或是在数学区里玩出"非数学学习行为"等现象。

比如，教师所投放的材料是颜色、大小不同的塑料瓶盖，活动设计意图是让幼儿通过"匹配"的方式将瓶盖旋在相应的瓶口上，在培养幼儿手眼协调能力的同时锻炼幼儿的小肌肉群。该活动开展不久，就出现了幼儿拿瓶盖在桌上滚或直接用瓶盖互扔取乐⋯⋯

再且，类似数学区这样"高结构的区域活动"，如果教师对幼儿的操作活动未作过程性的教育观察，而是仅关注活动结果，则难以对幼儿实际的发展水平做出较为准确的判断。

比如，两位幼儿在给 10 根小木棍从长到短进行排序，或许最终的结果是两位幼儿都能顺利完成了该项任务，如果仅依此最终的操作结果，貌似可以判断两位幼儿的"发展水平"是一样的。但如果教师曾对两位幼儿的实际操作过程进行观察，则有可能会得出这样的结论——其实这两位幼儿的发展水平是有差异的。甲幼儿已经懂得运用正确的策略进行排序，即该幼儿每次操作时都是将所有的小木棍聚拢并竖起来，然后从中挑出最长的一根，依此类推并依次排序；而乙幼儿则是采用不断试误的方式进行排序。

综上，对于类似数学区这样"高结构的区域活动"，我认为应持有以下基本观点：一是应强调数学区活动情境创设与活动情节设计，以增强该区域活动的有趣性与可玩性；二是应主张对数学区活动进行过程性的教育观察，在过程性观察中去解读幼儿的行为，并对幼儿进行有针对性的指导；三是应允许幼儿在数学活动区对"数学活动材料"进行"非数学学习行为"的有意义探索。

那么，在小班是否可以设置数学活动区呢？个人认为，在小班上学期不宜开设，但在小班下学期可以考虑将所谓的"数学区活动内容"有机渗透于其他活动区域，或与科学区等内容共同组合成一个"综合区"。这个所谓的"综合区"，目前的习惯称谓是"益智区"。在这里顺带说一说区域活动名称的冠名问题。"益智区"顾名思义就是该区域有益于幼儿智力发展，诚如是，是不是也意味着其他区域活动因不"益智"或"益智"成分很少，才未能冠之"益智区"呢？显然，这样的称谓是经不起推敲的。

个人认为宜将"益智区"改为"操作区"，"美工区"改为"制作区"，旨在培养生活自理能力、养成劳动习惯的区域称为"劳作区"。区域命名的学科（领域）倾向，其实极易导致教师对该区域功能存在着学科（领域）的思维定势，窄化了区域活动所应承载的"综合性"功能。

个人不主张在小班上学期开设数学区的主要理由是小班上学期幼儿数学学

习内容尚不够"丰富",在本已比较单薄的"数学学习内容或经验"的前提下,要求教师设计出丰富的"活动情节"(很会玩、有的玩),这在客观上是有一定困难的;当然不可否认的是以幼儿教师的聪明才智是完全可以设计出足以吸引或激发幼儿兴趣的"活动情境"的。但对于区域活动的设置与开展而言,如果仅有"情境"而缺乏"情节",则幼儿在该区域活动的最大单位时间往往是不尽理想的。也就是说,幼儿很容易出现凭一时的兴致玩了一会儿,便很快转移了兴趣去玩别的活动。

显然,区域活动中这种"昙花一现"的学习行为对幼儿的"认知之海"是难以泛起应有的"涟漪"。因而,主张将本来属于数学区学习内容有机融入其他区域活动之中,比如作为角色游戏区活动中某一活动环节而存在。再且,从活动效益的角度来讲,在有限的活动空间中,设置一个对幼儿学习与发展帮助不甚明显的"数学区",倒不如将这个"空间"设置成对幼儿学习与发展更适宜的、更有意义的其他"游戏区",让"物"更能尽其所用。

其实,《新纲要》已明确指出,幼儿数学教育应是"能从生活和游戏中感受事物的数量关系并体验到数学的重要和有趣"。幼儿数学学习的生活化和游戏化,应是幼儿数学教育实践与发展的基本路向。本人主张,在幼儿园课程实施过程中,应倡导渗透式的幼儿数学学习方式。在渗透式学习活动中,让幼儿感受到数学的"有用和有趣"。这里试举两个渗透式幼儿数学学习活动的例子。

### 例一:在区域活动中渗透数学学习内容

案例描述:这是小班上学期的区域活动,老师在该区域提供了大小不一的瓶瓶罐罐,有奶粉罐、可乐易拉罐、蜜饯罐等低结构化的材料,让幼儿利用这些材料去玩一些类似围合与垒高的建构活动。幼儿用这些材料垒出了不同高度的"宝塔",有的是三层、有的是两层。在活动经验分享时,老师也只是泛泛地对这个区域稍加点评:建构区小朋友也垒了很漂亮的宝塔,……

分析:案例中其实教师在讲评该区域活动情况时,可以将数学内容的学习有机渗透进去。比如,可以让幼儿比一比最高的是哪一座高楼?数一数最高的那一座高楼一共用了几个罐子?大中小罐子各用了几个?教师也可以用盖印章的方式或画画的方式将每次幼儿垒高的罐子总数记录下来,作为幼儿下次进入该区域活动挑战上次记录的依据。教师采用幼儿能看得懂的方式将区域活动情况记录下来(可以配发相应的照片),既是帮助幼儿记忆,也是有意识地向幼儿渗透统计记录的方法。

### 例二：在体育活动中渗透数学学习内容

片段描述：这是大班下学期体育活动"斗鸡"（民间游戏），活动核心目标是练习单脚站立和单脚跳，发展腿部力量和身体的平衡能力。该活动有个环节是这样设计的，即让幼儿单脚站在所折的报纸上，报纸折得次数越多报纸面积越小，意味着幼儿单脚站的支撑面就越小。在活动中教师只顾着引导幼儿将报纸对折后直接单脚站在所折的报纸上，进行比赛谁站的时间最久，或是能否坚持到教师所规定的时间……

分析：案例中，教师在引导幼儿对折报纸时，其实可以有意识地引导幼儿边对边、角对角把报纸对折一次后，观察报纸大小发生了什么变化？哦，对折后报纸变成是原来的一半，我们一起把对折后的报纸打开看一看，小朋友有没有发现报纸被折成了两个一样大小的长方形？先让幼儿感受一下报纸对折后的变化，感知一下什么叫二等分，再进行单脚站立也不迟。同样，在报纸对折两次后，也可以引导幼儿去比较一下对折一次与对折两次的变化，进一步感受四等分、八等分的数学概念。当然，在引导幼儿感受等分时，不必告诉或请幼儿记住什么是等分这样的术语，但应该引导幼儿直观去感受对折后报纸到底变成几个一样大小的长方形或正方形。案例中，教师没有做这方面的数学知识的渗透，应该说是该教师没有渗透式数学学习活动的意识。

# 24

## 如何看待将点心活动与区域活动整合的改革举措

**问**

这学期我们对小班一日活动模式进行了改革，其中，有一项改革的举措就是将幼儿生活活动（点心活动）与区域活动进行整合，点心活动不再另外独立成一个活动环节，而是将之与区域活动进行合并，即在幼儿区域活动中设置一个点心自助区，幼儿在区域活动过程中，可以根据自己的需要自行去点心区吃点心。尝试一阶段后，觉得幼儿自主管理能力有很大提高，当然，在对外观摩研讨时也有教师提出不同的看法，请问您对这项改革举措是怎样看的？

**答**

在幼儿园一日活动环节的安排上，将生活活动（点心活动）与区域活动整合在一起的这一改革举措，旨在改变之前一日活动环节安排所存在的过于零碎、繁多，而导致属于幼儿自主支配活动的时间和机会均较少的现象。以尽可能将一日活动时间还给幼儿，不断提升幼儿自我管理的空间，这是幼儿园课程建设过程中所倡导的基本路向。

其实，生活活动（点心活动）与区域活动整合有两种形式，第一种形式是将点心活动整合在区域活动之中,整合后的活动类型以区域活动为主。其具体实施方式便是在活动室的区域设置中特辟出一个"点心专区",通常这个"点心专区"可以容纳6人左右。幼儿在整合后的这一"大块面的单位活动时空"中,其主要的行为特征是以区域活动为主,点心活动为辅。

第二种形式是将区域活动整合在点心活动之中,整合后的活动类型以点心活动为主,区域活动为辅。也就是说,在第二种整合形式中,是可以随时满足幼儿吃点心的需要;而在第一种形式中,幼儿如有吃点心的需要是需要轮流的。

如果将这两种整合形式放在实践层面来考察,在第二种整合形式中,幼儿完全可以根据自己的需要来决定何时吃点心、吃点心的时间与节奏,以及何时去玩区域活动。可以这样说,在第二种整合形式中,点心活动与区域活动对幼儿来说是拥有充分的自主权。而在第一种形式中,至少存在着幼儿在吃点心的自主性上是"不充分"的弊端。

　　请看这个案例[1]:"某幼儿园,10点多钟大一班的孩子们正在活动区自由活动。老师开始把两个装着豆浆的不锈钢罐和一托盘蛋糕卷摆在离洗手池不远处的桌子上。丁丁看到后对莹莹说:'该吃点心了! 我们去吃吧?''等一会儿,我还没插好呢!'莹莹一边用积塑片插着造型,一边说。'那我等你!'过了一会儿,莹莹插好了。她抬起头来,看了看放食品桌旁的一个供六人使用的餐桌,发现人已经满了。'丁丁,咱们等一会儿再去吧,你看人都满了,没位子了!''那好吧,等他们吃完了我们再去!'又过了几分钟,餐桌边只剩三个小朋友了。丁丁和莹莹一起走过去,先洗洗手,然后每个人拿起一个托盘,从不锈钢罐里倒了一杯豆浆,又夹了一个蛋糕卷放在托盘上的小盘子里……"

此外,本人还认为,在第一种形式中对幼儿在区域活动中的"坚持性"和"合作性"存在着潜在的威胁。就区域活动中幼儿的专注与坚持性方面,诚如上述案例,幼儿要去吃点心时得在活动过程中同时观察餐桌是否有空余位置。这在客观上就会给幼儿的活动带来无形的干扰。就合作性而言,特别是在中、大班的区

---

[1] 李季湄、冯晓霞主编:《〈3～6岁儿童学习与发展指南〉解读》,人民教育出版社2013年版,第103～104页。

域活动中,区域活动的任务往往是需要幼儿通过合作的方式才能完成的,或者说该区域活动本身就是属于"对手戏"性质的活动。如果合作者在吃点心方面未能达成一致,出现一位幼儿擅自离席去吃点心的话,破坏了该活动的合作进程,也就意味着该活动只能半途而废。

基于以上分析,本人比较倾向采用第二种形式,即将区域活动整合在点心活动之中。

# 25

## 如何认识与解决区域活动中的偏区现象

**问**

在开展区域活动过程中,时常会发现有个别幼儿特别热衷于某一自己感兴趣的区域,而且常常是可以持续玩好几周的时间。有时教师基于担心幼儿因偏区导致其他方面发展失衡,而采取一些软硬兼施的办法对这些有偏区爱好的幼儿进行"纠偏",但效果往往也不是很好。请问遇到这样的问题该怎样处理比较合适呢?

**答**

区域活动强调幼儿活动的自主权,因而在区域活动中有时会出现有的幼儿在区域选择的过程中出现极端的"偏爱"现象,即所谓的"偏区"。多元智能理论告诉我们,智能在个体身上有强弱项之分,有的个体在某智能领域是强项,而在某领域却相对弱项。在幼儿选区过程中,幼儿喜欢选择自己的强项领域,则应该是属于正常现象。

但由于幼儿比较长时间偏爱于某些区域,而相应对另外的某些区域相对比较忽略,教师比较担心的是,幼儿因为忽略这些区域活动内容有可能会给幼儿的发展带来不利的影响。比如发现幼儿很少光顾阅读区或语言区,而是偏爱建构区,因而担心对幼儿语言能力发展有影响。

我们认为,因偏区而忽略其他区域的活动,教师应该先对幼儿各方面的发展做个粗略的评估。假如该幼儿尽管很少去语言区活动,但凭借教师平时对该幼儿的观察与评估,认为该幼儿语言能力发展属于正常水平,那么,教师就没有必要过分干预幼儿的偏爱,即没有必要威逼利诱地让幼儿放弃他的偏爱,而"身在曹营心在汉"地去语言区活动。

诸如上述这种情况,教师反而应该进一步去了解一下,为什么该幼儿特别偏爱建构区的理由?是该幼儿通过持续的建构活动来不断挑战自己的建构水平,即有很强的建构兴趣和较高的建构水平,即属于"扬长型偏区")?还是该幼儿本身建构水平并不是很高,但他通过持续的建构活动,不断积累经验与提高自己的建构水平(即属于"补短型偏区")?我们认为,不管是哪一种类型的偏区理由,教师都应给予积极的鼓励与指导,而不是简单地基于全面发展的理由为了纠偏而纠偏。

假如说基于教师对该幼儿的了解,发现该幼儿确实在语言能力发展方面有待进步的话,那么面对这种情况,教师通常的做法:一是在班上采用区域活动必选与任选制等变相的强制性管理措施,即将幼儿相对不感兴趣的而教师又认为幼儿有必要参与的区域活动内容,列为班级区域活动的必选区,即每位幼儿在一周内都必须完成班上所设置的必选区域的任务;而相应地将其他区域活动作为任选区域。二是根据个别幼儿的偏区现象,采用直接干预的措施,即请该幼儿直接去选择他所忽略的区域。如请该幼儿放弃原来所感兴趣的且已多次参与的建构区,并采用带有强制性质的干预方式让该幼儿去参与语言区的活动。

以上这两种带有直接的强制性质的举措有悖于区域活动自主性的特征。我们主张,应从充分挖掘该幼儿所偏爱的区域的内在价值出发,尽量将我们所担心的幼儿可能在某方面发展比较欠缺的能力巧妙地赋予在其所偏爱的区域之中,即通过锦上添花的方式,将幼儿的弱项的领域与强项领域有机嫁接起来,将强项领域有效迁移到弱项领域。

比如,教师可以创造机会或直接给予该幼儿具体的活动任务,请他来给老师或同伴介绍他所建构的作品及其建构过程。这样的举措,既满足幼儿愿意在建构区活动的需要,同时也有效地促进幼儿语言能力的发展。如果条件成熟的话,教师也可以乘机通过鼓励表扬的方式,邀请该幼儿去语言区向同伴介绍图书中的建筑物的构造。诚如是,则顺利完成纠偏的任务。

我们主张的第二种纠偏的办法,姑且称之为迁移法,指的是通过设置与该幼儿所"偏区"的内容相类似的问题情景,让"偏区"的幼儿顺利从其所偏爱的区域转移到相类似的区域。

> 比如,"东东的空间方位感特别好,看图纸搭建的能力也很强,能够用特小号塑料积木熟练地拼插出一辆带有方向盘、驾驶座、车门灯装置且不足十厘米长的小车。因此,他每次都独自一人在建构区学习搭建各种建筑,而对于其他操作类活动,他却不愿参与。久而久之,东东绘画、语言等方面能力的发展明显落后于同伴。对此,教师尝试从调整区域内容比例着手,吸引东东对与建构区活动类型较相似的美工区的关注。教师把美工区的墙面、地面、柜面、桌面设置成一个富有情境性的立体空间,地面成了一个'鱼塘',里面缺少'小鱼',幼儿可以根据步骤图折出小鱼。教师鼓励东东:'你最会看图纸了,愿不愿意到美工区像看图纸搭汽车一样折小鱼呢?'东东高兴地答应了,并尝试折小鱼。之后,东东还学会了做小花、刮蜡画、版画等,产生了对美工活动的学习兴趣,并愿意参与其他区域的学习活动了。"[1]

第三种解决偏区问题的方法是嫁接法,指将幼儿"偏区"的兴趣点与教师的教育需要有机结合起来。如某大班幼儿在区域活动时[2],教师发现基于培养幼儿折纸能力考虑而在美工区投放的折纸活动项目,一直未能引起幼儿参与的兴趣。总有五六位幼儿一直在拼插区对拼插枪很很感兴趣,幼儿拼完枪之后,就直接玩起枪战游戏。

有一次,该教师灵机一动,自己事先用纸张折了一把"纸枪"。区域活动时间又到了,还是这几位对拼枪很感兴趣的幼儿又在拼插区埋头"拼枪"。老师走了过去搭讪道:"你们在拼枪啊!老师这边也有一把枪,但老师拼的枪跟你们的不一样,你们想不想知道老师是用什么材料拼枪的呢?"这几位幼儿一下子被老师所卖的关子吸引住了,纷纷停下手中的"活",抬起头满脸好奇地看着老师,到底

---

① 沈娟:《个别化学习活动实施中的几点思考》,《上海托幼》2016 年第 4 期。
② 冯晓霞主编:《幼儿园课程》,北京师范大学出版社 2000 年版,第 61 页。

幼儿园课程与教学问答 50 例

老师所说的枪是什么样子的？是用什么材料拼的？这时老师调皮地从身后掏出事先折好的"纸枪"展示给他们观赏。幼儿一下子来了兴趣围了上来，纷纷问老师到底是怎样折的？老师问："你们想不想也像老师那样折一把纸枪呢?"于是这几位幼儿就饶有兴趣地跟着老师来到美工区学折起"纸枪"，冷清的美工区在老师的巧妙引导下一下子热闹起来。

# 26

如何看待中、大班幼儿移换别人进区牌的现象

问

现在有不少幼儿园在区域活动中通常采用区域活动预约制的管理办法,即幼儿在离园前,将自己的名牌贴在或插在第二天上午想去参与的区域活动的"墙上",但在活动开展中,教师发现有个别的幼儿,特别是中、大班的幼儿会偷偷地将别人的名牌移换到别的区域,而替换上自己的名牌。您如何看待这种情况呢?

答

区域活动采用预约制的管理办法,有利于控制区域活动的人数,了解各区域活动受幼儿欢迎的程度,以及了解幼儿选择区域的情况。但在实际操作中,不难发现有的幼儿可能因种种原因没有预约到自己喜欢的区域,所以才会采用问题中所反映的那种情况,即采取非正常程序来满足自己的需要。如果教师确实知道该幼儿确实很想在某个区域活动但一直没有机会预约上的话,那么该教师就有必要做一定的干预,比如提醒该幼儿提早去预约,或直接帮助该幼儿预约。

当然,也有一种可能是该幼儿所预约的区域活动并没有他所想象的那么好玩有趣或因自己不懂怎么玩而想换区,不得已才采用偷换名牌的非正常办法。

如果是这种情况的,建议教师在区域活动设置上应适当"留白",即可以留出一个特定的空间,在这个空间放置一些低结构材料,由幼儿自主支配,且不纳入幼儿区域预约的范畴,即属于机动的开放的区域。

当然,这样的设置的前提是空间允许。如果无法腾出空余空间来设置机动的区域而又要防止幼儿偷换区域的现象,那么,就得以增强幼儿区域活动的计划性来进行管理。比如在区域活动之前,每个幼儿事先做好规划,即用画画的方式将今天先做什么事情表达出来,活动后幼儿又将今天做了些什么再画出来进行反馈比对。这样的规划有助于增强幼儿的责任意识与任务意识,应该可以比较有效地防止幼儿频繁换区的现象。

## 27

### 如何认识幼儿在区域活动中出现的非预期活动行为

在区域活动中,也会出现幼儿的活动行为与教师所预期的行为不一致的情形,尤其是出现了与该区域活动内容关联度不大的活动行为。比如,在图书阅读区域中的活动场景,本来应该是幼儿安静地翻阅与学习图书,但有时也会出现诸如将图书用作幼儿开展其他活动的媒介的现象。如小班幼儿将图书叠放在一起作为"障碍物",从书的这边跨到那边,如此往复地玩起了自发的"跨栏游戏",有时也会出现个别幼儿将比较薄的图书直接卷起来,不亦乐乎地玩起"望远镜"的游戏。如果教师在区域活动开展过程中遇到此类情况,应如何处理为好?

幼儿园区域活动的间接性特点,主要体现在教师将教育意图与教育期望物化在所提供的材料与所创设的环境之中,也就是说,区域活动材料提供与环境创设必然承载着教师在课程与教学中的"计划性与目的性"。基于此,教师在区域活动设置中会不自觉地勾画出幼儿的活动景象,并预估各种需要介入指导的可能性场景。这应该说是教师在组织与实施区域活动的一种正常教学行为。

　　那么,在区域活动的实际开展过程中,一旦出现了幼儿的活动行为与教师的预期偏差较大的现象,当然,幼儿所呈现出的这个"偏差行为"不是简单的捣乱行为或非学习性行为。那么,教师该如何处理呢?

　　认识与处理这一问题的首要思路就应回归到区域活动的特点与功能上。众所周知,自由性、指导的间接性、自主性、个性化是区域活动的基本特点。而幼儿在区域活动中获得的发展,则是依赖于幼儿与材料、同伴的互动以及教师的有效指导。若更理想化一些,幼儿园设置的区域活动的功能应该是综合的,而非局限于某一学习领域或某一发展维度。那么,生发在区域活动中的幼儿学习与发展的行为,其理想的状态应该是一种基于操作的整合性学习、个性化学习与自主建构式学习。既然区域活动是属于自由的活动,那么,也就意味着幼儿在与材料互动,即幼儿对区域所投放的材料的操作方式也是自由的。

　　依此分析,幼儿在区域活动中如果没有出现破坏、捣乱等明显的非正向性的学习行为,那么,该活动行为是可以允许的。因为如果幼儿是自主而愉悦的,且具有某种内在的目的性的探索行为,尽管与教师预期不一致,但只要有利于幼儿获得有益的经验,有利于幼儿发展的活动行为,都应该获得教师的支持与指导,不能以与教师所预期的活动意图不相符合为由而加以粗暴地干预与制止。这是认识与处理此问题的最重要的指导原则。

　　下面我们进一步分析一下,幼儿在区域活动中的行为与教师预期不一致的两种情况。一是幼儿在活动中所出现的具体行为方式,虽与教师预期行为有异,但实属殊途同归。二是幼儿在活动中所出现的行为方式,其活动指向完全异于教师的预期行为,但从促进幼儿经验丰富与身心发展上是一致的。

　　第一种情况:如某老师在科学区加入了新的教具"龙卷漩涡"[①],她在一个塑料瓶内装八分满水,再利用一个特制扣环"神奇妙接器"和另一个空塑料瓶连接起来,当水从上端的塑料瓶流向下方的塑料瓶时,会产生像龙卷风形式的漩涡,该老师相信孩子一定会被此现象吸引,可以借机引发孩子们的讨论。在开放学习区的时候,有两位小朋友一起操作"龙卷漩涡",但是老师却发现她们并不是在观察水中的漩涡,而是隔着塑料瓶的水互看对方,甲对乙说:"你的眼睛变大了。"乙对甲说:"我

---

① 臧莹卓编著:《婴幼儿学习环境——理论与实务》,群英出版社 2012 年版,第 5—31 页。

看到你的牙齿了。"两个人开心地在讨论隔着水所看到的彼此的脸部。该老师在一旁倾听孩子的对话,过了一段时间之后加入了她们的讨论。

在此案例中,该老师虽然对新加入科学区的教具有预设期待,但在实际观察了幼儿操作情形之后,并没有打断两个孩子的讨论,要求孩子一定要注意看漩涡,反而顺着孩子正在感兴趣的话题加入讨论,问他们发现了什么。该老师能及时调整自己原先的期待,因为她明白,虽然当下孩子的讨论与漩涡无关,但是在整个过程中,孩子已经自然地在接触科学,展现研究事物的观察力了。

第二种情况:如上述问题所示,小班幼儿将图书叠放在一起作为"障碍物",从书的这边跨到那边,如此往复地玩起了自发的"跨栏游戏",有时也会出现个别幼儿将比较薄的图书直接卷起来,不亦乐乎地玩起"望远镜"探索游戏。幼儿在图书阅读区自发地玩起了"跨栏游戏"或"望远镜"探索游戏。这两种活动行为,对幼儿获得有益的经验是有帮助的。如在"跨栏游戏"中,幼儿可以获得的可能的有益经验:书本垒高的建构经验,双脚交叉跨越障碍物的运动技巧,初步感知所垒的书本的高度与跨越难度的关系等。

我们认为,既然幼儿在当下自发地玩起这样的游戏活动,那么,在当下情境中,教师应该是对幼儿的活动行为进行关注与观察,借助现场的观察再根据具体情况进行介入与指导。而在活动结束之后,再对图书阅读区为什么不能引发出幼儿应有的阅读行为的原因进行分析。比如,是因所投放的图书的内容或类型不适宜幼儿阅读,或是所投放图书因未及时更换而致该图书阅读区对幼儿失去了应有的吸引力,或是所投放的图书的摆放方式以及阅读环境创设欠佳等原因,而导致无法很好地激起幼儿的阅读兴趣等,并依此所分析的可能原因而进行有的放矢的调整与改进。至于在图书阅读区应培养幼儿爱护书籍等良好阅读行为与习惯,则可以在活动交流与分享环节中加以说明与强调。

# 28

## 如何看待幼儿园在尝试『玩伴相对固定』的游戏指导改革

问

在幼儿玩角色游戏时，我们发现由于游戏主题的参与者是采用自愿选择的方式进行自由组合。但可能是每次所组合的幼儿有所不同、幼儿间需要熟悉与磨合等缘故，幼儿在玩游戏活动过程中发现所展示出来的游戏水平，特别是游戏情节的发展较为简单而缓慢，甚至有时会出现停滞不前，即在原有水平上简单重复的现象。后来，该教师尝试并推行了这样的一种改革举措，即在一段时间内（比如一周或两周等单位时间内），玩同一个游戏主题的幼儿采用相对固定的方式。比如说，在这两周内，第一次选择玩餐厅或娃娃家游戏的这五位幼儿，接下来他们在角色游戏活动中只能固定结伴一起玩餐厅或娃娃家游戏。据尝试这一改革的老师反映，可能玩伴相对固定、幼儿间比较熟悉，发现幼儿在游戏过程中所展现出来的情节较之前丰富而多样。请问，在游戏中，特别是在角色游戏中，该教师这样的改革尝试妥当吗？

答

从问题描述可知，该教师是基于幼儿在游戏中出现了情节的发展较为简单而缓慢,甚至有时会出现停滞不前的问题而尝试了玩伴相对固定的做法,且实施一段时间后发现之前所存在的问题大有改观。从试验的角度来讲,至少从试验的结果来判断,似乎该试验还是成功的。也正是有这样的貌似成功的试验,才有可能引起更大的不良后果。比如,误将这一举措作为一种成功的实践经验或指导模式在一定范围内推广应用。诚如是,则有必要对此错误做法进行一番剖析。

首先,要思考的第一个问题,便是评量幼儿游戏水平,特别是角色游戏质量的主要指标是什么。就角色游戏质量而言,比较权威的评量标准包括六大指标①:"想象的角色扮演""想象的以物代物""有关动作与情景的想象""角色扮演的坚持性""社会性交往""言语交流"。如果从"游戏情节发展水平"这一角度来评量幼儿游戏质量,那么,该教师所谓的"游戏情节发展水平"更可能是与上述的"有关动作与情景的想象""社会性交往"和"想象的角色扮演"这三个指标比较接近。也就是说,如果仅依"游戏情节发展水平"来评判幼儿角色游戏质量,这是不够全面的,且这一评判指标也过于模糊,不具操作性。

其次,要考虑的是影响幼儿在游戏中出现情节发展较为简单而缓慢的主要因素是什么。角色游戏指的是幼儿通过扮演角色,以模仿、想象、创造性地反映现实生活的一种游戏。从这一共识性的定义来看,幼儿所具有的现实生活经验,应该才是影响幼儿游戏情节发展水平的主要因素。也即,生活经验和幼儿的已有知识是幼儿角色游戏内容的来源。显然,要使幼儿在游戏中"会玩、玩好",做好丰富幼儿相关经历与体验的工作是解决该问题的基础与前提。

当然,在此基础上教师在游戏过程中做好现场观察与分析,并讲究具体而有效的介入策略则是推进游戏情节发展的重要保障。可以这样说,只有切实做好这两方面工作,才是解决幼儿游戏情节发展较为简单而缓慢这一问题的根本出路。玩伴的不固定而导致在游戏过程幼儿间需要熟悉与磨合而影响了游戏情节的发展水平,这或许是影响因素之一,但绝不是主要的影响因素。由此可见,该教师在解决该问题时并没有抓问题的主因,问题的解决未能"对症下药",这也意味其疗效充其量只能是"治标而未能治本"。

第三,要正确看待幼儿在游戏中所出现的"游戏情节的发展较为简单而缓慢,甚至有时会出现停滞不前,即在原有水平上简单重复的现象"。幼儿是通过学习而获得丰富的经验,这丰富的经验又是通过不断的学习而累积的,其过程更

---

① 刘焱著:《儿童游戏通论》,福建人民出版社 2015 年版,第 528 页。

幼儿园课程与教学问答 50 例

多的是以一种呈螺旋上升的方式进行的。这也就是说，且先不论对幼儿来说有时重复的学习是有必要的，有时幼儿的经验在螺旋上升的过程中也容易导致教师的误判，即以为还在"那个原点上"，其实有可能位置是一样的，但层次不一样。

第四，要认真领会"游戏精神"的实质。如果说游戏精神是"愉悦、自主、自由、创造"的话，幼儿在游戏中选择游戏主题，甚至是在选择伙伴上都失去了"自由、自主"的权利与机会，这样的活动有"游戏精神"吗？而作为游戏活动却无法很好地体现出应有的"游戏精神"，这样的游戏还是角色游戏吗？一位同事跟我说，"游戏本来就是自主的，如果老师强行要求幼儿组团玩，直接进行集体教学好啦，效果更直接"。从这位同事的这番深刻的话语中，我们不得不又要提及关于教育观念这一话题。简而言之，有些幼儿教师根深蒂固的陈旧教育观念，如"重教学轻游戏""重结果轻过程"等，在现实中常会时不时地以各种"变式"而隐蔽存在着。类似本案例这种似是而非的做法，更应引起我们的警惕。

# 第三辑

## 单元主题与领域活动

# 29

## 如何编拟一份单元主题活动网络图

问

在国家幼儿园教师资格考试面试中,有出现要求学生根据某一话题编拟单元主题活动网络图的题目。请问贵校是如何指导学生做好单元主题活动网络图的编拟工作?

答

单元主题活动网络图,是指将主题的中心概念向四周扩散、分化、放大,形成网络,并随着幼儿对主题理解的逐渐深入,网络上的内容也不断增加,成为见证幼儿整个活动过程的结构图。单元主题活动拓展的逻辑是遵循幼儿的兴趣与经验以及教育的需要,但在具有一定层级化的主题网络图中,第一级拓展思路往往是教师依据一定的逻辑来拓展,主题活动的后续推进,即第二、第三级网络,则可能更多的是追随幼儿的思路。那么,在第一级网络图编拟中,一般依据什么逻辑来进行演绎呢?大致有三种方法:要素分析法、活动分析法和问题分析法①。

---

① 虞永平著:《生活化的幼儿园课程》,教育科学出版社 2009 年版,第 102 页。

要素分析法,指的是在单元主题活动的可能走向设计中,以单元主题核心所内含的基本要素为依据进行合理联想,这些基本要素往往也是人们对某一事物或某一现象作全面了解的基本维度。比如,要了解一座房子,人们会从构成这座房子的基本要素,如门、窗、墙壁和屋顶等角度去仔细考察。要了解自然现象,则一般会立足于特征、成因、种类、与人类的关系等视角。要观察认识某种常见的动植物,人们会从外形特征、生活习性或生长特点、种类、功能等角度切入,如下图。

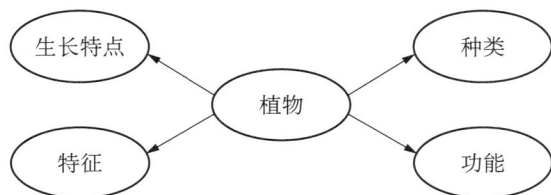

由这些基本要素再衍生出二三级的活动,比如由植物的生长特点衍生土培、水培,喜阴、喜阳植物等;由植物的特征衍生出有果实与无果实,再由有果实的植物衍生出植物果实的各种类型。

活动分析法,指的是以该单元主题核心所引发的基本活动为依据,这些活动的发生具有时间上的先后顺序,即先发生(做)什么? 再发生(做)什么? 接着发生(做)什么? 最后发生(做)什么? 如单元主题"桥梁",围绕桥梁认识的基本活动主要有"桥梁图片资料收集""桥梁建造视频资料收集""实地观察""设计与制作桥梁"等。显然,对桥梁认识的这些活动是有先后顺序的,先有感性认识与经验积累,才有桥梁设计与制作的参与性体验活动,如下图。

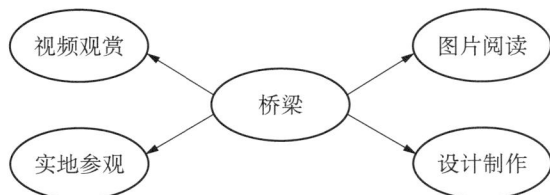

该单元主题由这些基本活动还可能再衍生出其他活动,比如桥面上有各种各样的汽车,由汽车再引出常见交通工具等二三级活动。

问题分析法,顾名思义,该单元主题展开的思路就是围绕主题中的"核心问题"而进行的,单元主题中的这个"核心问题"通常是需要幼儿进行一番探究与解决的实际问题。幼儿在探究与解决该"实际问题"的过程中,自然而然地引发出相关的"次问题",从而构成单元主题活动的网络图。比如,单元主题活动"火灾",为什么会发生火灾？火灾的现场是怎样的？怎样预防火灾？发生了火灾怎么办？由这些问题又可以进一步延伸相关问题,如"火灾的现场是怎样的?"可以进一步延伸为：人们是怎样逃生的？火灾是怎样被扑灭的？等等。这些细化的问题可引起幼儿进一步的回忆、调查、讨论和模拟等活动,见下图。

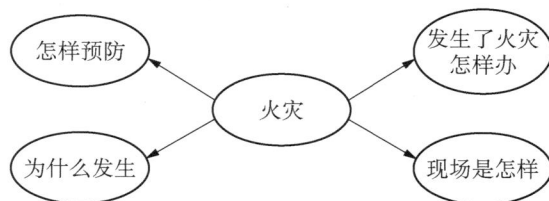

下面展示两份单元主题活动网络图,以更进一步说明网络图的编制方式。

例一,开展儿童美术动画片教育活动——雪孩子。通过开展动画片的观赏活动,幼儿在学习、理解、体验该作品的基础上,有可能激发其相应的兴趣点,并由此生发出一系列的相关活动,即开展了与"雪孩子"相关的单元主题系列活动,见下图。

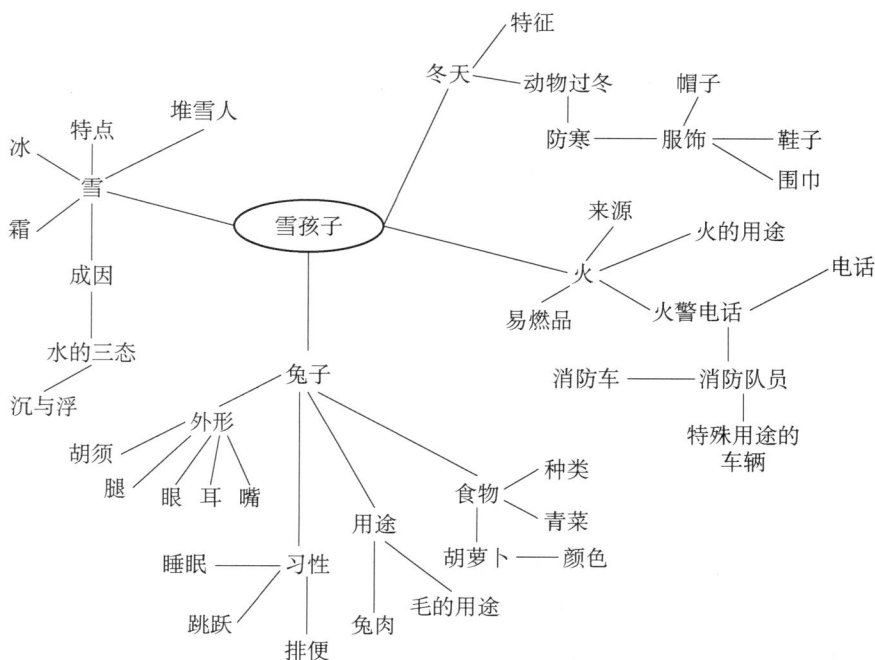

　　例二,某幼儿园所开展的中班单元主题活动"帽子秀",再经过班上两位教师的"头脑风暴法"演绎后,综合考虑主客观因素,以网络图方式将该单元主题活动的可能走向呈现出来,见下图。

布置帽子展览区　参观帽子店　整理帽子展览区　为帽子做分类标签　让帽子立起来　讨论适合投放帽子的区域　生活中的帽子　展示自己的帽子　我喜欢的帽子　帽子礼仪

帽子展示　　认识帽子

"帽子秀"

如要开展一场【帽子秀】　筹划一场【帽子秀】　筹备大型【帽子秀】　策划

T台秀

筹备阶段　　展示阶段　　首次走秀　　【帽子秀】　向哥哥姐姐展示【帽子秀】　大型【帽子秀】

道具准备　　舞台　　分组　　排练

我的自制帽　可以当帽子的材料　展示自己的号码牌　制作号码牌

舞台布置　帽子舞台

成立帽子表演组　分组展示

回顾视频　第一次分组排练　第二次分组排练　T台秀排练

□ 有开展的活动　　➡ 预设的活动
◯ 没开展的活动　　⇢ 生成的活动

# 30

**如何处理好主题活动实施中出现的领域失衡问题**

## 问

　　幼儿园在实施单元主题活动过程中,因强调追随幼儿的兴趣与关注点而时常出现了领域失衡问题。也就是说,在整个主题活动实施结束后,发现主题活动所涵盖的领域出现了较为明显的偏差,比如主题活动所涉及的领域大多集中在科学与健康。请问如何处理好这样的问题呢?

## 答

　　在强调追随幼儿的兴趣与关注点的前提下,幼儿园所开展的单元主题活动确实会出现领域均衡性不足的问题,即出现领域涵盖面的偏差现象。之前老师可能是害怕出现领域偏差问题,在追随幼儿兴趣的同时也加上了很多老师的教育意图,生拼硬凑地将没有涵盖的领域添加进去,其目的就是想让整个主题活动的推进更完美地达到"领域的均衡性"的要求。而其实大家都很清楚,基于教师这样的考量而添加进去的活动,因活动本身缺乏有机的内在联系,往往也会显得特别别扭,主题活动被诟病为"拼凑活动、拼盘活动",也就成为必然的结果。

　　可以采用如下三种办法解决这个问题:一是主题间互补的办法,即在第一个主题活动实施结束后,对该主题所覆盖的领域进行统计,得出该主题活动领域涵盖统计一览表。如果出现比较明显的领域偏差的问题,那么在第二个主题的选定与实施过程中,就应该将第一主题所缺失的领域活动置于第二主题活动来进行有目的的"补救"。

二是采用主题活动周与活动调整周并举,即在一个主题活动结束后对该主题所覆盖的领域进行统计。如果出现比较明显的领域偏差,则专门安排一定的时间对所缺失的领域活动进行针对性的"补救",即在活动调整周组织幼儿对所缺失的领域内容进行有针对性的学习活动。

三是采用主题活动与领域活动并行的办法,即在一周的课程活动时间,教师所开展的活动有一部分是与主题活动的推进是有直接关联的,有的是与主题活动关联不大、相对独立的领域内容的学习活动。这样的处理办法就可以将主题活动推进中所学习的内容与领域内容学习进行有目的的互补,将主题在推进过程中可能出现的领域偏差通过领域内容的学习活动及时弥补上去。

# 31

## 如何认识『整合课程』背景下的领域活动

问

　　今天和大学同学聊到关于幼儿园课程的相关问题,她所在的幼儿园近期进行了课程改革,由之前的"领域活动课程"改为"整合课程(或综合课程)"。理由是认为分领域教学是分科教学,是属于传统的教学模式,容易导致小学化倾向以及影响幼儿发散性思维的培养。现在这项课程改革还处于刚起步与过渡阶段,所以之前的领域教学活动还暂时存在。我想请教的问题是,整合课程背景下是否可以取缔领域教学活动?

答

　　幼儿园课程中的"领域"指的是某种课程内容的具体"区域",表示的是课程内容的一种集合。"领域活动"指的是围绕某一领域内容而展开的各种"教与学"的活动,具体的活动形式可以是游戏活动、教学活动(集体、小组、个别)、区域活动等等。这里做个简单的类比,如果将"领域"比喻为某种食物,那么"领域活动"就是人们围绕这食物而进行的各种烹饪活动。当然,围绕同一种食物,人们可以根据食物特点、饮食喜好等因素,选择各种各样的烹饪方式,如煎、蒸、煮、烤、炒等。

现在人们一提及"领域活动",似乎其只有领域集体教学活动这种形式。当然,如果在实践中教师真的将"领域活动"简单地等同于"领域集体教学活动",那肯定是会受人诟病的。这犹如你在烹饪某种食物,你只会"烧烤"这种形式,自然会引起人家的排斥与批评。而实际上,"集体教学活动"和俗称的"五大领域"分属于课程要素中的不同范畴。前者属于课程实施中的具体形式或途径,后者属于课程内容。但很多教师一提及"集体教学活动",马上想到就是某一领域的具体内容。其实,在集体教学活动这种形式中所发生的"教与学"行为,其既可以是专指某领域的内容,也可以是多领域甚至是超领域的内容。因而,将"领域活动"与"集体教学活动"等同起来,本身在逻辑上就是错误的。

那么,到底在整合课程背景下要不要取消领域活动呢?目前,幼儿园课程内容是以"五大领域"这一形式呈现的。可将"五大领域"的学习内容看作幼儿生活中需要摄入的"五谷、果蔬、肉类、鱼类、蛋类、奶类"等食物,这些食物是幼儿生长发育所必须摄入的,且不能偏食,因为偏食了就容易导致营养成分失衡而影响幼儿的身体健康。至于这些食物要如何制作得既利于幼儿对蕴含在这食物中营养成分的吸收,又是幼儿喜欢的菜肴,则是关乎烹饪的问题。

从幼儿园课程来讲,"五大领域"的这些学习内容要以何种方式呈现给幼儿,这是属于课程实施问题,其直接的体现是具体的活动形式。比如科学领域,我们可以采用教学活动、游戏活动、区域活动甚至是生活活动等形式进行有关科学领域内容的学习。在生活中学习科学、运用科学,将科学领域内容学习有机渗透于幼儿一日生活之中,也是幼儿学习科学的途径或形式之一。就幼儿学习科学领域内容的教学活动而言,既可以是集体教学、小组教学,也可以是个别教学。

如果这样理解的话,则可推知,上述其所反对或主张取消的其实是领域集体教学问题,或者说是集体教学这种课程实施形式。那么,这又涉及对集体教学的作用与局限的认识问题。关于这一话题,冯晓霞在《在集体教学活动中使用〈指南〉》一文中已作系统而清晰的阐述。我们的观点:根据国情与历史传统,幼儿园中的集体教学形式的存在是必要的,只是在实践中要根据具体情况灵活使用。

该问题提及整合课程与领域课程问题,其实真正的整合活动是问题中心设计取向,也就是围绕生活中的某一个需要解决的实际问题而展开的活动,比如某幼儿园曾开展过一节救球行动的活动(有大小不一的球滚到幼儿园的沙池,沙池一面靠墙,老师根据这个真实问题,请幼儿不要踩进沙池并想办法将球取出来),

这样的活动就是整合活动,幼儿在该活动中可以获得多方面的有益经验。

至于整合课程与领域课程的关系处理,或者更准确地说,在整合课程背景下领域活动该如何理性地开展呢? 我们认为,在整合课程背景下,在开展领域活动的实践中,应尽可能去规避领域活动所存在的领域内容间横向联系不足问题,而尽量赋予整合的理念,即领域渗透。所谓领域渗透,指的是在凸显领域核心价值的基础上,通过有目的的相互融入的方式,使得不同领域的学习内容能在某一领域学习活动中得以发生有机的联系,从而使得幼儿能够获得更具统整性的有益经验。

那么,在领域课程实施过程中,如何做好领域活动的渗透工作呢? 我们认为,领域渗透的基本路径可以是将拟渗透的领域视为本领域学习活动的教学手段或形式进行间接融入,或将拟渗透的领域的核心经验视为本领域的学习目标,或是在开展本领域学习活动时直接将相关领域的学习内容渗透其中。

一是将其他领域的学习内容作为开展本领域活动的教学手段进行渗透。例如,在科学活动"认识天气"活动环节设计中,教师让幼儿用绘画的形式设计各种天气图示,这就是在科学领域活动中将艺术领域(音乐、美术、舞蹈)作为教学手段进行间接而有机的融入。在此类领域渗透活动中,艺术往往只是一种表达手段或是活动中某一具体形式,而非教师组织该领域学习活动的重点。要处理好"活动手段与活动目标"的关系,不宜在活动中强调艺术技能、技巧,即切勿出现"喧宾夺主"现象。

二是将在"领域课程"思维定势下被认为本应属于某具体领域所承担的某一特定能力的培养任务加以有机渗透。如,"学会与他人友好相处"这一课程目标,大家都会依思维定势认为是属于社会领域应该学习的内容,但在艺术领域的"礼貌歌"学习活动中,教师结合歌曲学习,将让幼儿学习与他人相处技能作为该活动目标之一进行处理。此类型的领域渗透活动,一般是该领域学习内容本身蕴含着其他领域的学习元素,在开展该领域学习活动中,通常会有意识地渗透其他领域的学习。这种领域渗透活动类型的实践形态,其实已偏向于"整合活动类型",已难以将之归入具体某领域的学习活动。

三是直接将其他领域学习内容进行有机融入。如语言活动"月亮姑娘做衣裳"中渗透了对月亮这个自然现象的认识,这就是语言领域活动中融入了对科学知识的认识。又如,艺术领域(美术)活动中,幼儿学习用橡皮泥塑苹果,教师可以配合手工的操作步骤即兴编一首儿歌:"搓搓搓,搓成一个小圆球,上下轻轻压个坑,中间再插一根柄。"通过念儿歌、做手工,使幼儿动手又动脑,既能顺利完成美术教学活动任务,又能使幼儿受到美的熏陶,提高口语表达能力。再如,在中班健康领域活动"鞋带蝴蝶结"中,除了教会孩子系鞋带的方法、避免走路时摔倒之外,还可以引导孩子们讨论类似"如果我不会系鞋带,应该怎么办?"的话题,让幼儿形成基本的交流、倾听和社会交往能力。这样在健康领域的教学中加入人际交往和社会适应的成分,不仅能促进幼儿社会性的成长,同时也提高了教学活动实施的效果。

**问**

在一本有关学前教育课程论的论著中,看到了"生活教育化"的提法。无独有偶,在一次有关幼儿数学教育的专题讲座中,也有听到"生活数学化"的说法。请问,如何正确认识诸如"生活教育化"这样的提法呢?

**答**

对幼儿园教育来讲,"教育生活化"的提法可以说是幼儿园教育改革取得的可喜成绩之一(另一项成绩应该是"教育游戏化")。"教育生活化"的内涵,应该包括"教育内容的生活化"和"教育实施的生活化"。前者指的是教育内容来源于幼儿的生活,是幼儿生活世界中可以感知的、具体形象的学习内容。当然,在幼儿园教育活动中,强调学习内容来源于幼儿的生活,即学习内容的"生活性",但不能与幼儿日常生活简单等同起来。后者指的是应倡导善于将幼儿的学习内容透过幼儿的生活进行有机的渗透,即贯穿于幼儿一日生活的各个环节,在生活中学习、在生活中应用。

其实,对幼儿而言,教育与生活的关系远不止是生活是教育内容的来源。生活是教育实施的途径或形式,生活有时还是学习目标,比如"喝水"对幼儿来说既是他们日常生活中的内容,也是老师必须有目的地加以引导,促使他们学习与掌握的一项生活技能。

由"教育生活化"自然会衍生出"课程生活化""领域教育生活化(数学、科学、语言等教育生活化)"。而在我们接受"教育生活化"的同时,偶尔也会看到听到"生活教育化"这样的术语。比如,"生活教育化是指在日常生活中,及时抓住机会对幼儿实施教育,并通过生活的条理化、丰富化等帮助幼儿组织已获得的零散的生活经验,使经验系统化、整体化。它要求家长或幼儿生活护理者必须具有适当的教育意识和教育技能,在生活中适时启发、诱导,培养幼儿"。① 其实这段话所表述的意思应该是前述"教育生活化"的第二层内涵,即"教育实施的生活化",在生活中学习、在生活中应用。

本人认为,如果对这段话的意思没有解读错的话,在"教育生活化"的语境下又提出"生活教育化",除了多此一举,还极易导致"教育的过度化"现象的产生。在"生活教育化"理念下,教师的使命就是要对幼儿的生活进行有目的的"教育"。于是乎,"生活"就开始"数学化、科学化、音乐化、……",以让幼儿的生活处处充满着"教育的烙印"(姑且将这样的活动称之为"教育性活动")。那么,经过改造后的幼儿生活还是幼儿本应拥有的"生态式"的生活吗? 这种基于合目的性的改造,是不是对幼儿生活生态的一大破坏呢?

我们知道,在幼儿的生活世界中,除了学习活动(教育性活动)外还有游戏活动、休闲活动(聊天、散步)、交往活动、锻炼活动、生活活动等。如果幼儿的生活真的只有"教育",如此的生活对幼儿来讲真是沉重的、压抑的、无趣的、灾难的,生活在这样状态下的幼儿,真可谓是"生无可恋"。如果"生活教育化""生活数学化"是正确的,那么其所导致的后果必将是教师的"教育过度化"、幼儿的"生活无趣化"。

① 石筠弢著:《学前教育课程论》(第2版),北京师范大学出版社2014年版,第146页。

# 33

有的幼儿园提出,"探究式的体育教学活动,主张将幼儿体育教学活动的学习内容隐含在情景问题之中,体现幼儿主动探究、发现问题、分析问题、解决问题的学习进程,避免教师单纯示范、幼儿机械模仿的教学方法,实现幼儿主动学习。它注重问题的情景化,幼儿的自主探究,师幼的交流与分享"。请问对这种新提法,应该怎样理性看待呢?

这个问题可从四个方面进行回答。第一,对幼儿来讲,探究无处不在,比如小班幼儿在用油画棒进行涂色练习或涂色游戏,这样的活动意图肯定是为了锻炼幼儿的小肌肉群以及练习和熟悉油画棒的使用技巧,掌握涂色的技能,当然这其中也有探究的成分。可以说,在美术活动范围内,涉及很多材料的熟悉与使用问题,包括绘画工具的熟悉与掌握等,都蕴含着探究的成分。对幼儿来讲,美术活动本身带有很多探究的元素,但好像也没有人特地称其为"探究式的美术教学活动"。

第二,对于幼儿体育教学活动来讲,在单位教学活动时间内,幼儿在活动过程中的体育锻炼时间肯定是占主要部分,即幼儿的"学(体育活动)"的时间是远远大于教师的"教(讲解示范与指导活动)"。也就是说,探究式的体育教学活动的主导行为是幼儿的锻炼、运动,锻炼与运动是幼儿在体育活动中应有的外显行为,而探究也是幼儿的一种外显行为。那么在同一时空,同一行为主体要从事两种明显相对独立的、需要大脑支配的随意行为,即一心要两用,那到底要怎样两用? 也就是在单位活动时间内两种行为发生与持续的时间到底要怎样分配? 探究与锻炼、运动的具体时间安排到底是五五开、四六开还是三七开、二八开? 如果探究与锻炼、运动的时间安排达到五五开或四六开,那么这样的活动还可以算是体育活动吗? 如果探究与锻炼、运动的时间安排仅有一九开或二八开,也就是绝大多数的时间都是幼儿在锻炼与运动,那有必要冠上"探究"一词吗?

第三,如果在体育教学活动的前面加上诸如"自主的""快乐的"这样的词语,这些词语所表达的是行为主体在发出行为的一种状态,即是主动的还是被动的,是愉快的还是不愉快的情绪体验,那么这样的表述是可以的。

第四,即使在体育活动中一定要加上"探究式的"这样的词语,我们也认为不适合用在"体育教学活动"这一活动类型上。幼儿体育活动的类型应该有集体教学活动、游戏活动和区域活动等形式。集体教学活动作为一种带有很明确的目的性与计划性的活动,一般是用于教师向幼儿传递新的体育活动经验,学习新动作或新技能,或者是整合与提升幼儿已有的体育与运动经验。

而如果是新动作或新技能的学习,从技能形成的特点来讲,技能的掌握需要"模仿—练习—反馈",而模仿环节就需要教师的讲解示范。让幼儿通过"试误式"的探究活动来掌握必须掌握的运动技能,这有悖体育教学活动的初衷。我们认为,如果将"探究式"加在幼儿体育游戏活动或体育区域(运动区域)活动的前面,或许是可以的。因为在这些运动区域当中所投放的很多体育运动器械和材料的玩法本身就带有探究的元素,幼儿确实可以在运动区域中通过自定游戏玩法与规则玩出一物多玩的水平来。

## 34

**问**

关于早操中成人音乐与儿童音乐的选择问题,我有不同想法与您交流。当前歌曲中,同一首歌很难简单地归结为是成人或者儿童的,比如 TFBOYS 的歌"老少通吃",比如《小苹果》之类的大众歌曲,口水歌,歌词无特别之处,却因朗朗上口而被广为传唱……比如周杰伦《听妈妈的话》、S. H. E 的歌曲《中国话》等,充满正能量,也未尝不是一个不错的考虑。我想且不论成人歌还是儿童歌,拥有正能量的歌曲都可以作为早操音乐的选择吧?

**答**

关于幼儿早操配乐问题,我个人还是主张选用儿童歌曲。为什么目前比较少选用儿童歌曲呢?为什么在早操配乐上比较少出现儿童歌曲的影子呢?更主要的原因是因为优秀的儿童歌曲创作太少,在幼儿生活中传播得也少,能够让幼儿喜欢的则更少。

个人认为,在幼儿生活中如果到处充斥太多成人的"文化",这其实是从心理上对幼儿成长的一种"催熟",类似于植物生长的"催熟剂""膨大剂"。成人文化对儿童文化的过度侵蚀，是属于儿童文化缺乏安全的问题，这本应是幼教工作者应引起关注和重视的问题。选用成人歌曲，尽管只有旋律，但旋律的背后肯定是整首歌曲，而歌曲中的歌词所表达的就是一种文化（情感抒发、价值诉求等）。目前在幼儿早操配乐中选用的成人歌曲，尽管其旋律是幼儿很喜欢的优美旋律，但这肯定也是一种无奈之举，非正确的建设与发展方向。此做法若从幼儿唱歌的角度来考量，则不难发现：如果早所选配的歌曲是幼儿喜欢的，那么，幼儿往往也会学唱或跟唱，而学唱或跟唱音域较高的成人歌曲，这是与幼儿声带发育特点相悖的错误举措。

再且从课程整合的角度来讲，早操除了凸显其应有的锻炼身体等核心价值外，肯定还承载着其他价值，只是这种价值承载比较"隐性"，更多的是一种渗透而已。假如说，透过早操活动也能让幼儿喜欢上优秀的儿童歌曲，在不自觉的跟唱、学唱的过程中兴趣盎然地做操，这岂不是可以达到两全其美，一举两得之效？

我曾到某幼儿园参访，发现该园的早操所选用的是《螃蟹体操》（尖尖的夹子，蟹老板，做做体操真健康；尖尖的夹子，蟹老板，做做体操真健康；爬呀爬呀，过沙河；爬呀爬呀，过沙河。螃蟹一呀爪八个，两头尖尖这么大个；螃蟹一呀爪八个，两头尖尖这么大个；动动夹子，有力气；抬抬脚啊，最神气；动动夹子，有力气；抬抬脚啊，最神气；动动夹子，有力气）。该歌曲诙谐幽默、生动形象、节奏感强，深受幼儿喜爱，有不少幼儿忍不住边做操边跟唱着。这就是一个很好的正面例子。

# 35

## 如何看待幼儿园每学期都要编排新早操的问题

有的老师一直在抱怨他们幼儿园，每学期初都要花很多精力去创编幼儿早操的队形与动作，也要利用时间训练幼儿尽快学会新学期的早操操节与动作。每学期都要挖空心思创编不一样的早操，将精力尽花在早操的花样形式上，根本无法很好地思考这套早操到底适合不适合幼儿。请问您对这样的编操要求有何看法？

首先应考虑的是一套高质量幼儿早操的基本特征是什么？我想一是所选的音乐是幼儿喜欢的，适宜幼儿反复哼唱的、健康向上的儿童歌曲；二是所选音乐的节奏与该年龄段幼儿的音乐能力发展水平是一致的，音乐的节奏快慢本身是与该年龄段幼儿相适宜的；三是早操的队形变换与操节动作的难度是适宜该年龄段幼儿的，是该年龄段幼儿既喜欢又能接受的；四是整套早操的队形变换与动作在形式上具有很强的趣味性，能激发幼儿做操的兴趣；五是整套早操所带给幼儿的运动量是适宜该年龄段幼儿，且能达到锻炼与增强体质的功能。

如果同意以上观点的话，那么，在一次的创编早操的工作中，能同时满足这些条件在客观上肯定是有很大困难的。换言之，一套高质量的早操肯定是需要多次的打磨，通过不断的"实践—反馈—改进—完善"闭路循环的行动研究。从这样的思路出发，那么，幼儿园创编早操的指导思想应该是通过不断的实践不断改进，以尽可能去满足一套高质量早操在趣味性、科学性、适宜性等多方面的要求。

如果各年龄班幼儿早操分为春秋两套，那么，每个年龄班都应经过一学期的实践后，将春季或秋季的这套早操的编制意图、优点以及所存在的问题进行分析，并提出初步改进的思路，为下一届幼儿的老师改进这套早操提供依据。这种集大家集体智慧用心打造，又经过几年的实践检验而编制出来的早操肯定是高质量的，也可能成为该园的特色。

如果每学期都要求创编幼儿早操，这固然在形式上很有新意，但如果从高质量幼儿早操的基本特征来衡量的话，一味追求这种形式上的新意性，就有可能忽视了内容的科学性。

问

　　有老师观摩了一节《猜猜我有多爱你》绘本学习活动视频，并对该活动各环节的处理及用时作了统计：整个活动共有 7 个小环节，用时 32 分钟左右。暖身互动环节用时 1 分钟，导入环节用时约 2 分钟。接下来除了结束环节用时约 2 分钟外，共用了约 27 分钟结合 PPT 演示、配乐分段讲述故事，教师提问以及组织幼儿围绕教师所提出的问题进行问答式互动。在这约 27 分钟的主体活动中，教师各环节处理及用时分配是这样的：教师结合 PPT 演示、配乐讲述第一段故事，讲完后提问，此环节用时约 5 分钟。教师以同样的方式讲述第二段故事，第四环节用时近 7 分钟。除了运用同样方式外，教师还边提问幼儿边讲述第三段故事，并进行"……有……，我就有多爱你"句型练习，此环节耗时 14 分钟整，教师用了 1 分钟时间讲述完第四段故事，并用了 2 分钟时间以迁移方式直接结束本活动。显然，活动中的该教师是通过解构的方式将这则优美的绘本故事处理成幼儿语言句型学习活动，这样合适吗？

# 答

从案例描述来看,该献课教师对绘本故事《猜猜我有多爱你》的处理侧重于句型的学习与练习,虽然在句型的操练中也力求引导幼儿去抒发对爱的表达,但教师采用这样赤裸裸的生硬的方式来进行爱的表达,则显得含蓄不足而拙劣有余,与绘本故事所营造的意境美是背道而驰的。将本应是对幼儿进行情感熏陶的难得的优秀文学作品的学习活动,简化为实用价值浓厚的语言学习活动,这是案例中该教师对作品内容核心价值的最大破坏。

在整个活动中,该教师始终都没有给予幼儿对该作品进行完整欣赏与感受的机会,幼儿对该作品的印象就是教师处理后的四个支离破碎的自然段,大大削弱了优秀作品所独具的对幼儿稚嫩心田进行美的种子的播种与美好情感的渗透力。这犹如一个精美的花瓶被人为地摔成四片,幼儿始终都没有机会一睹这个精美花瓶之全貌的机会,也就失去对该花瓶整体美的感受。

《猜猜我有多爱你》以优美的故事和图画、独特的情感表达方式,借助鲜明而有趣的大小兔子之间所能给予的爱的长短、高低、多少、远近的对比,将浓厚的母子深情浓浓地蕴涵在故事之中,让人读后深受感动。相信知道《猜猜我有多爱你》这一绘本故事的同行,都会感觉到这是很美的、很有情感穿透力(感染力)的难得的精品。

教师面对这么经典的作品,理应让幼儿尽情去感受、去体验,尽量让幼儿去品味个中所表达的那种浓浓的亲情。面对这么优秀的作品,教师的工作就是为幼儿"走进作品,感受作品"创设一些有利的条件而已,尽可能让幼儿有机会去完整地、沉浸式地感受作品(如果幼儿对作品不存在理解上的困难时,教师多余的话语是对幼儿欣赏作品的一种破坏),而不是"叽叽喳喳"地将作品弄得支离破碎。

面对无论是文学的还是其他艺术形式的优秀作品,教师都应以一种善待的眼光和敬畏的心情来处理,应让优秀的作品尽可能地被幼儿完整、原汁原味地欣赏,让优秀作品独具的核心价值得以充分发挥。对现代幼儿来讲,优秀作品对他们而言已是少得可怜,如果我们再不好好珍视,而是动不动就拿优秀作品来"说这事、做那事",对优秀作品进行随意解读,践踏优秀作品的核心价值,这是一种罪过。

　　这里顺带说一件与绘本相关的事情。有一次去幼儿园观摩学生集中实习教学成果汇报，其中，有一位实习生的故事活动是"月亮的味道"。姑且不论该实习生现场活动组织的情况，在活动后的点评时我让现场观摩的同学回答这样一个问题：《月亮的味道》是一本质量上乘的绘本，这本绘本到底是让幼儿自主去看（"阅读"）比较有价值，还是老师直接将它处理成一则故事"讲"了比较有价值呢？在场观摩的同学绝大多数的回答是让幼儿自主阅读比较有价值。

　　当时，该执教同学解释说，本来是要处理成绘本阅读活动，因为绘本数量不够，才直接处理成故事活动。我想，该同学的理由可能也是很多幼儿园老师经常将绘本拿来作为故事教学活动素材的理由。诚如是的话，这就引起我们的思考：这样做妥当吗？

　　绘本是让幼儿"看的"，故事是让幼儿"听的"。让幼儿"看的"绘本相对于让幼儿"听的"，故事会比较简单一些。这也就是说，如果将本应属于阅读活动类的绘本处理成故事活动的"挂图"，纯属一种"双输"的举措，一是破坏了绘本促进幼儿身心发展的应有价值，二是这样的"故事"对幼儿发展又存在着挑战性不够的弊端。

　　因而，建议教师在开展故事教学或欣赏活动时，最好还是放过绘本故事，特别是精美的绘本，请让绘本回到绘本，让故事回到故事。

## 问

有位老师给我传来两份同一绘本的阅读教学方案,活动目标制定不同,绘本阅读内容都是"中班阅读活动——彩虹"。其中,甲教案的目标:"1. 仔细观察画面,感受彩虹的色彩美;2. 运用'因为……'的句式进行对话和交流。"乙教案的目标:"1. 能观察整体的画面及主要角色,理解图画书内容;2. 能模仿书中语言的句式,表达自己的想法;3. 在游戏情境中与绘本内容产生互动,激发阅读兴趣。"想请教我对这两份教案活动目标的看法。

## 答

在给这位老师作回答时,先声明如下:一是可能这位老师不方便提供更多的信息,如这两个活动过程与环节设计,当时所作出的研判与分析,仅依问题中所提供的这些信息而已。二是本人对《彩虹》这一绘本也不熟悉,当时也认为如果仅就分析这两则活动目标,没有必要特地去研读这一绘本。三是以下分析并不意味着本人对乙教案的目标表述方式就很满意,而是"两相其害取其轻"也。

对这两则活动目标的分析如下:一是两个教案的"目标 2"都涉及语言表达

方面的要求，但乙教案的表述方式更得体。研判理由是乙教案的目标表达更开放、更多元，更有尊重幼儿已有经验和学习方式的意蕴。因为同一绘本的阅读，不同幼儿受已有经验与认知水平等影响，其从绘本所建构的经验也是不同的。我不清楚通篇绘本的句式是不是只有"'因为……'的句式"，如果是的话，那两份教案在付诸行动时的结果可能是一样的，所有的幼儿都是只能"运用这一句式"；而如果不是的话，也就是该绘本还潜在其他的表达句式，那么，执行乙教案的情况就与甲教案情况不一样，乙教案的幼儿在表达时可能就会更有趣更生动，因为他所模仿的是他感兴趣的、印象最深刻的句式，"这个句式，是我选择的、是我要模仿的"，而不是"老师要求我要模仿（运用）这个句式"。而即使通篇绘本的句式是不是只有"'因为……'的句式"，个人还是倾向于乙教案这样的表述方式，因为它比较富有一定弹性，不会让人们感觉到过于生硬呆板。要清楚的是本活动是早期阅读活动，非语言游戏（句式练习），如果是属于句式练习类的语言游戏，要练习什么样的句式当然是要清楚表述出来的。

二是作为早期阅读活动，理应将读懂画面（阅读方法的掌握）、重视阅读兴趣的培养以及阅读习惯的养成作为本活动的核心目标来加以体现。甲教案将"感受彩虹的色彩美"作为该活动的首条目标的后半句提出来，有点本末倒置之嫌。本绘本活动可以将"让幼儿感受彩虹的色彩美"自然地渗透于活动过程之中，但不宜作为一条重要活动目标郑重地提出来。因为与早期阅读活动的核心目标相比，还有比"感受彩虹的色彩美"这一更为重要的目标需要提出。且色彩美的感受也非语言活动所能完成的学习任务，它更多的是归属于艺术领域。"自己的地不好好耕作，反而忙着去犁别人的田；而自己荒废的地，要请谁来帮忙耕呢？"这是一线老师在所谓整合理念指导下常犯的错误。

三是作为早期阅读活动还是要回到幼儿与图书的互动这一根本的道路上，回到幼儿"有书可读、能读、会读、爱读、有时间读"这条路上。

# 38

**问**

有乡镇中心幼儿园在开展园本绘本课程研究,该研究的一项重要工作就是研发园本绘本。所谓的园本绘本研发,就是将当地的民间传说制作成精美的绘本(由广告公司负责制作),并将所研发的绘本作为课程资源开展相应的教学活动。请问对举一园之力来研发所谓的园本绘本这一做法,您持何种看法?

**答**

绘本本身就是一种综合的艺术作品,一本优秀的绘本作品,便是多种艺术表现形式的高度整合。因而,要研发一本优秀的绘本,往往需要多方面的艺术人才的共同参与才能顺利完成。比如,需要优秀的故事脚本创作人员,懂得幼儿心理特点,尤其是幼儿审美心理特点的美术创作人员,具有专业眼光的绘本出版人员,因为优秀的绘本对纸质、开本、装帧设计等方面的要求是比较考究的。当然,如果要进行比较的话,则在这三方面专业人才中,懂得幼儿审美心理特点、认知特点,熟悉幼儿生活世界的美术创作人员就显得更为重要。因为绘本最关键的要素是"图"与"色"的问题,一则优秀的故事脚本素材,也只有在优秀画手尽"妙笔生花"之功,也才有可能共同打造出高品质的好绘本。

在选择幼儿绘本图书过程中,如果能遇到一本成人看不大懂,但幼儿却特别喜爱的绘本,那该绘本十有八九是一本难得的高质量的优秀绘本。因为不管是脚本创作者、画手或是出版者,他们都非常了解幼儿的审美心理,都能从幼儿的视角将优秀故事作品以绘本形式充分地演绎出来。一本品质精美的好绘本,其背后必然拥有优秀的故事脚本素材与优秀画手,以及出色的绘本出版者。这也意味着,要打造一本真正能去打动幼儿内心,让幼儿爱不释手、百看不厌的优秀的绘本,必然要有深知幼儿审美特点、熟悉幼儿生活世界的创作团队。

如果同意以上对优秀绘本基本特征的分析的话,那么,以一园之力而研发出来的所谓的园本绘本的质量是可想而知的。主张幼儿园去研发所谓的园本绘本的做法,就绘本阅读研究工作而言,是属于本末倒置,甚至有误入歧途之嫌。作为乡镇中心幼儿园的园长老师们,如果能将市场上发行的中外优秀绘本尽可能原汁原味地让幼儿去拥有、去享受、去体验,那本身就是一件功德无量的大事。

当然,如果将基于师幼共构的生活故事、神话故事或是共同改编的民间故事等,通过师幼集体讨论,以分工又集体协作的方式将该故事素材以绘本形式表现出来,再由师幼共同完成绘本图书的装帧工作,即集师幼集体智慧与心血,打造的纯"手工性质"的绘本,这是值得倡导与鼓励的,也是幼儿所喜欢的。

# 第四辑

## 教师教学与课题研究

# 39

## 如何看待幼儿园教师教学分工现象

**问**

幼儿园教师的职场工作特点是两位教师包班制和半日工作制,幼儿园教师不能像中小学教师那样可以享受课间离室休息的权利。在人们的印象中,幼儿园教师都是"全科型"教师,而在实际工作中,幼儿园教师又有一定的分工。请问如何认识与处理这种现象?

**答**

幼儿教师在课程实施中出现按领域进行教学分工的现象,以及在幼儿园教研中也常以类似学科组的形式举行观摩与研讨活动,应是目前幼儿园教学与教研的现实存在。关于这个问题的回答,准备从"现实存在与忧虑"和"理性面对与超越"两个维度进行分析。

## 一、现实存在与忧虑

如话题所述,两位搭班教师在具体的课程实施过程中以分工的方式来承担领域教学等课程内容的实施任务,然后分头做好课程实施前的各项准备工作,并各自展开相应的教育教学。应该说,这种运作方式只适宜于幼儿园课程建设的初期阶段,即课程实施以预设型课程为主,认为课程为一种预先规划好的计划或预设好的活动内容,课程实施就是按既定计划行事。

这种"计划说、预设型"的课程观,其所关注的是既定课程方案能否在实践中顺利实施,而较少去关注幼儿在课程实施中的感受与兴趣所在,较少去关注学情,课程实施过程犹如一列火车沿着既定的轨道前行。显然,此课程观是与当前幼儿园课程建设的基本方向(即关注幼儿的"学"、关注体验与过程、倡导互动与生成的新型课程理念)是相悖的。

如果幼儿教师一入职就简单地沿着领域教学分工这一路径来完成自我专业发展任务,则幼儿教师的专业发展结果就极易成长为偏科现象明显的"学科型教师",即将教学活动的"学科"范围只局限于某几个领域之中,除自己所关注的领域外,对幼儿园课程与教学的其他内容则不甚了解。这样的职场专业发展的结果,与学科界限明显的小学教师又有何区别?

众所周知,幼儿园教育与小学教育相比至少具有两大特点:包班制、半日制。这在客观上就要求幼儿教师的专业素养与小学教师是有区别的,幼儿教师的专业水平是要求应具有全科型教师素养,而小学教师则是属于分科型教师,小学教师的工作方式是学科课时制,有课间离室休息十分钟的权利。

而致使幼儿教师进行教学分工,除了合作性工作本身就蕴含着分工的前提,分工是为了更好地合作外,更为主要的原因是受学科课程的影响,幼儿教师都是在分科课程教育背景中成长起来的。学科课程的观念与运作模式深入脑海,不仅记忆深刻,而且运作起来轻车熟路,也简便易行,即幼儿教师的教育生活史影响着其教育教学生涯。

当然,如果这一现实性存在任由其发展下去,我们认为,其结局只能是一种"双输",即于幼儿身心发展和教师专业发展皆是不利的。一是不利于幼儿身心整体发展。幼儿的心智是吸收性的,幼儿学习特点异于成人,幼儿是运用整体性方式来认知外部世界。教师的"教"要取得好的效果,就要因应幼儿的"学",要以幼儿学习的特点与认知水平作为教师教学的依据,要以幼儿学习的效果作为教师教学效果的评量标准,即以学定教。那么,教师所给幼儿的"教"也应是整体的,而非各自为政的人为的分裂式、碎片化、甚至重复式的分科教学。

二是不利于教师专业成长。幼儿教师专业发展的基本要求是应具有全科型素养的教师,即要通晓幼儿园各类教学活动类型的设计与组织。只有具备了全科型教师素养,也才能适应"一日生活皆课程"的幼儿园大课程观的时代要求,才能有足够的课程驾驭能力来呼应幼儿的具有课程价值层面的兴趣与关注点,生成相应的课程活动,真正做好师幼互动质量。

## 二、理性面对与超越

上述可知,幼儿教师教学分工现象的存在有其主客观原因,对此问题我们应以直面的态度与超越的思路予以理性面对。在直面教师教学分工此一运行方式合理性与弊端的基础上,更应努力去规避其弊端,并赋予其教师专业发展的新意蕴。因为如果我们将教师教学分工任其自由式地发展下去,必然有可能导致教师在领域教学方面的过早定向与定势的发展。

因而,在教师专业发展视域下,有必要将这种直线单向纵深式的教师教学分工的运行模式改造为一种螺旋多维递进式,即引导教师先从教学分工中成长为具有全科型素养的教师,再从教学分工中,由已具有全科型素养的教师再逐步走向专长型教师发展之路。这种由"专"到博,再由博到"专"的"以'博'为专业发展基础,以'专'为专业发展目标,以博促专,博专结合"的教师专业发展之路,对新时期背景下的园长和教师都是一种挑战。其考量着园长的管理智慧,以及教师的个体专业发展的自我需求。

也就是说,园长要以分层管理的方式来面对和处理不同专业发展阶段教师的教学分工问题。面对新手型教师,教学分工是为其成长为全科型教师而服务的,而于具备全科型教师素养的熟手型教师而言,教学分工则是为其走向术有专攻、教学风格鲜明的专长型教师服务的。同是教学分工,但在教师专业发展的不同阶段其所扮演的角色和任务也是不同的。

鉴此,园长应根据本园实际对全园教师的专业发展做一个具有顶层设计意义的总体方案。在该总方案中应结合教师个体素养和意愿,合理规划好全园各层面教师专业发展的中长期规划,而每位教师在本园教师专业发展建设的总蓝图下,再结合个体实际制定好个人专业发展规划的近中期计划,并依所既定的可操作性、合理性的计划有序推进。

经验表明,作为园长应有意识地在新教师入职后的 5～8 年的职场生涯中,通过师徒制方式和教学分工途径将新手型教师培养成全科型教师;而后根据教师个体专业优势等实际情况以及幼儿园发展之需要,再将具有全科型素养的教师以师徒制方式和教学分工途径培育成具有较强的实践反思意识和能力的、在某些领域的教育教学中具有鲜明的个人优势的专长型教师。

如果搭班的两位教师都能具有全科型教师的专业素养,又能持较为先进的"活动—经验说"之课程观,在课程实施过程中,关注经验、重视过程、追随和呼应儿童,践行以学定教的教学原则,强调生成活动在课程类型的比重,做到心中有目标、眼里有儿童,那么搭班两位教师的教育教学活动自然而然会逐步淡化"以知识为中心"的传统教学观,"以儿童学习与发展为中心"的新型教学观必然在她们的课程实施中不断得以彰显,课程活动势必能够不断地贴近为促进幼儿身心全面发展而服务。诚如是,那么搭班两位教师的教学分工所分担的已不是简单的诸如领域等教学内容,而是与本班幼儿共处的"工作日"。

当然,在实际的课程实施过程中,搭班教师间的教育教学要能够做到有效配合,力求达到为幼儿身心发展施以整体性的促进作用之效果。这除了需要教师具有全科型教学素养外,还需要一定的课程管理机制做保障。比如,在课程实施过程中教师遇到的疑难问题能获得比较及时的咨询诊断与帮助,即在幼儿园课程管理机制中能够建立"教例会诊制"、搭班教师交接班的情况通报制等等。

具言之,"教例会诊制"可以与幼儿园的日常教研活动相结合,参与会诊的对象可以根据所提交的"教例"的具体内容来确定是全园式、年龄段式或班级式。"教例"的提供主体,可以是教师自下而上主动提交,也可以是年级组长等园行政领导通过下班观摩等途径获得;"教例"的文本方式可以是文字描述、口头报告或借助视频等方式直观呈现;"教例会诊制"的时间可以相对固定,也可以是根据具体情况随机而定;"教例会诊制"的形式也可以是正式的教研会议,即有明确的教研记录,还可以是非正式的讨论交流。

而教师交接班情况通报制,则要求当班教师应将自己所带班的半天活动的情况,择其具有课程层面价值的幼儿的兴趣点或关注点,或其他认为有必要向接班教师及时告知的,采用口头或书面的方式通报给接班教师。以引起接班教师的注意,并能够根据所通报的情况及时调整既定的课程活动方案,提升搭班教师教学间有效配合的质量,最大限度地确保所提供给幼儿的课程活动是完整的,所给予幼儿经验与兴趣是具有内在连续性、统整性的。

# 40

如何看待幼儿园
分组教学改革

想请教一下有关分组教学的问题,也想听听您对分组教学的看法。我园自2016年秋季开始尝试分组教学,具体做法如下:(1)第一学期科学、美术、数学三个领域分组(单周美术、科学进行分组,双周美术、数学进行分组),分组时教师将班级幼儿分成两批(有的班级有按能力差异分,有的直接按号数分),同时在班级的两个角落组织活动。(2)第二学期讨论完觉得数学比较不适合,且老师太辛苦,调整成美术、科学两个领域分组,并且由原来每周分组调整为两周一次分组,单周分组(固定在单周周三、周四上午是分组时间,周三两位教师同时在班级不同角落组织不同类型的活动,周四组织另一批幼儿开展分组教学〈一般老师会根据昨天的分组情况及时微调当天的活动〉),双周该领域依旧进行集体教学(年龄段有讨论同一领域哪些内容适合分组,哪些适合集体教学)。(3)分组教学时两位教师分别执教一个领域,由年龄段组织同一领域的老师进行教研备课。

在讨论分组教学问题时,我们有必要先简单回顾一下幼儿园分组教学模式产生的背景,以及前人对此问题所探索的已有成果。据相关资料显示,福州市台江区实验幼儿园是当时全国贯彻《幼儿园工作规程(试行)》(简称《规程》)精神的试点园之一,他们所做的课程改革的尝试,便是关于"幼儿园分组教育活动的研究"。

他们认为:(1)分组教育活动的含义,指的是根据幼儿发展的个体差异进行分组,并分类指导。(2)分组教育活动的目标是以《规程》的要求为培养目标,促进幼儿在不同水平上的全面发展。(3)分组的依据是根据教育活动内容或幼儿不同时期发展的不同状况。(4)指导方法上最低要求统一指导,不同要求分层指导。(5)指导时间上科学安排分类指导时间,即每次建议活动的分类指导要根据幼儿实际有所侧重地安排。(6)分组注意事项:①分组活动应首先考虑到教育环境要宽敞,以避免各组之间互相干扰;②分组活动应在良好活动习惯形成基础上开展;③教师要有强烈的事业心、高度的责任感及细致耐心的工作态度,具有分组领导的能力;④分组活动计划性与随机性要相结合;⑤分组活动本身还有不同形式与要求,要灵活安排,有的活动内容可以分,有的活动内容不可分,有的可按高、中、低分,有的则要高、中、低搭配;⑥分组对象不要长期稳定,必须随着孩子的各种能力的发展变化,随时调整分组的对象。①

从上述资料可知,幼儿园对分组教育活动模式进行实践探索的时间大约是在20世纪90年代初期,是伴随1990年2月正式实施《幼儿园工作规程(试行)》、贯彻《规程》精神的特定背景下应运而生的。在《规程》颁布与实施之前,幼儿园的教育教学模式还是沿用苏联的"分科教学模式",存在着较为严重的"重教学(上课)、轻游戏"的现象。

《规程》里明确提出了"以游戏为基本活动",可以这样说,贯彻《规程》精神后,对一线幼儿园教育教学工作带来最大的变化便是游戏深入人心。自此,幼儿园一日的课程活动安排大约是这种模式:"两节集体教学(一般安排在上午)+游戏活动(一般安排在下午)"。集体教学活动因无法很好地关照到幼儿间发展的差异性,在"集体教学活动"下往往存在着"有的吃不饱,有的吃不好"的现象,过分关注于"大多数幼儿的发展"而不得不要牺牲"少数或极少数幼儿的利益"。

于是乎,基于对集体教学弊端的改良动议,分组教学的尝试便被提到作为贯彻《规程》精神的一大举措而加以试验。从这一角度来看,分组教学是企图补救

---

① 张也可、吴验渊主编:《幼儿教育专题研究》(内部资料),1999年。

集体教学的不足,使得不同发展层次的幼儿都能得到发展。但分组教学毕竟还是属于"教学活动"范畴,还是属于高结构化活动,分组的目的只是增加师幼互动的频率,提升师幼互动的质量,从而更进一步地促进幼儿的发展。

但一个显而易见的事实是师幼互动频率增加,这所解决的是一个"量"的问题,师幼互动频率增加,未必就意味着师幼互动的质量就可以得以提升。师幼互动质量提升的关键还在于教师对幼儿发展水平的了解,以及教师个人所具备的有效干预策略上。教师了解幼儿的最好途径便是幼儿在自由、放松的活动之中,比如游戏活动、生活活动等,而不是在教学活动中。如果不把教师的精力引导到观察与了解幼儿的路径上,离开了对幼儿的观察与了解,即使是采用"一对一"的个别化教学形式,教师在教学中也只能是"盲人摸象"。

个人认为,与其让教师的时间和精力"浪费"在分组教学上,倒不如将之"花"在区域活动的组织与指导上,即不采用分组教学活动,而是推行在区域活动时间内两位教师同时下班指导的改革举措。此举既利于下班教师更好地了解本班幼儿的发展情况,又能比较及时地做好现场的指导工作,更为重要的是,这样的有效举措与分组教学相比,花的精力少而成效又多。

也许有人会问,那现在时兴的区域活动又是在什么时候才在幼儿园广而推之的呢?国内比较系统介绍区域活动的第一本翻译的专业论著诞生于 1995 年 1 月,即由郝和平、周欣翻译,人民教育出版社出版的《活动中的幼儿——幼儿认知发展课程》。而区域活动在幼儿园的全面推行则是在 2001 年 9 月正式实施《纲要(试行)》之后,在《纲要(试行)》中明确提出:"尽量减少不必要的集体行动和过渡环节,减少和消除消极等待现象。"此时,很多幼儿园在贯彻《纲要》精神时,就开始减少集体教学活动在幼儿园课程中的比重,通常的做法是将原来一节集体教学活动时间调整为区域活动。自此,幼儿园一日课程活动的安排,基本上是以"集体教学 + 区域活动 + 游戏活动"这一模式为主。

顺带说一下,《指南》的颁布对区域活动提出了进一步深化的要求,就是"游戏化和跨班化(开放性)"。目前出现的"区域游戏"一词,便是倡导区域活动游戏化的例证,《指南》在"社会领域"中的"教育建议"提出:"幼儿园组织活动时,可以经常打破班级的界限,让幼儿有更多机会参加不同群体的活动。"显然,这里所指的"活动"肯定是指"区域活动或游戏活动,而不可能是集体教学活动"。课程建设至此,区域活动这种形式被认为是对幼儿因材施教的最佳载体,是对幼儿实施个性化教育,促进每个幼儿在已有水平上获得最大程度发展的理想途径。

从介绍分组教学产生背景到简单回顾幼儿园课程建设的基本路径,应该不难得出这样的结论:在当前践行《指南》精神背景下,如果放弃应该花大力气去研究与落实的区域活动,而去搞分组教学改革的尝试,应该说是明显偏离了幼儿园课程建设的基本路径。

# 41

## 如何看待幼儿园开展的片段教学活动比赛

有些老师在质疑幼儿园片段教学的弊端,如片段教学如何体现幼儿的学习活动,体现教师在幼儿操作、探索中的作用?游戏、玩中学、生活化课程等一些低结构的活动又怎样开展片段教学?认为这种看不见幼儿的幼儿园教育活动(片段教学),在一定程度上助长教师眼中无幼儿的传统教育弊端。幼儿园以片段教学为形式而开展教学比赛,还可能给其专业发展产生不良导向。能否谈谈您对此问题的看法?

答

片段教学起源于中小学教师教学比赛之需,因为中小学课堂教学的时间通常是 45 分钟,且有明确的知识教授任务,要考察一位教师的教学水平,如果真的进课堂听 45 分钟,借班上课,这于比赛的时间、于正常课堂教学秩序都是不方便的,也是不允许的。而采用虚境式的片段教学,则可以一举解决中小学教师教学比赛的这两个现实问题。

中小学课堂教学是以传授一定知识内容为任务的,知识内容就是其活动的载体。知识内容的传授本身就是可以"切块逐一"教授的,因而,完全可以直接截取某一块知识内容来教授。对于中小学课堂教学而言,片段教学之"片段",既可以是"时间"的片段,也可以是"内容"的片段。简言之,片段教学这一形式是适合中小学教师教学比赛的。那么,这一形式到底适合幼儿园教师的教学比赛吗?即片段教学这一形式适合幼儿园课程与教学吗?

谈到幼儿园中的片段教学问题,就必须上溯到幼儿园课程是什么的问题。对于幼儿园课程的概念,尽管现在已出现了带有浓厚的建构主义色彩的"故事说",乃至有后现代主义意味的"地下茎"之隐喻,但目前比较认可的还是"经验—活动说"。"经验"是个体的、模糊的、主观的,因而不好把控;但经验是以活动为载体的,而"活动"是外显的,可以设计的。尽管"活动"是外显的,但"活动"是一个完整的连续的行为,是以一种"流"状态而存在的,其很难像知识那样容易、合理地"切割成某一小单元"。如果认同幼儿园课程"经验—活动说",那么,请问如何对"经验"或"活动"进行"片段"教学呢? 姑且不论幼儿园有没有硬性的知识教学任务,幼儿园的"课堂教学"充其量也仅 30 分钟左右,有必要在时间上进行"片段"吗?

片段教学这件衣服可能适宜穿在中小学教师身上,但不一定就适合幼儿园教师。在幼儿园开展片段教学,常见出现两种情况:一是适宜于片段教学的活动内容通常带有明显的知识目标,如语言领域中幼儿文学作品学习活动、艺术领域中的歌唱活动等。而对于需要幼儿通过主客体相互作用建构经验的活动,诸如科学活动等,则往往无法以片段教学这一形式来开展。

依此分析,则可知片段教学带有浓厚的知识传授的特征。而这显然是与幼儿教育所倡导的重体验、感受、建构经验的价值取向,与幼儿园课程建设的"经验—活动"取向背道而驰的。如果沿着这个分析思路,说严重一点,在幼儿园倡导片段教学,在某种意义上来说是变相的幼儿园教育小学化倾向(重知识传授,轻活动体验)。

二是可能因确实不好合理"片段"之故,所以通常遇到的情况是名为"片段教学",实为完整仿真式试教。而如果是试教这一活动形式,则对于新教师提升教学水平是有效的。但若将实为试教的"片段教学"推及骨干教师或中学高级教师评选,则可能是对教师专业发展阶段理论不甚了解。新教师在其教学活动中关注的是自己的"教案",而骨干教师所关注的则是活动中当下幼儿的反应以及如何进行有效的师幼互动。因而,常常发现在某幼儿园片段教学比赛中,骨干教师的现场效果不如新教师的现象，其缘由就是他们在教学活动中的关注点有明显差异。

顺带说一下，有赞同在幼儿园片段教学中教师可以同时扮演幼儿进行"课堂"回答的。这是值得商榷的观点，如果将片段教学视为教师在可能情境（虚境）中的真实教学行为（实境），请问在真实"课堂"教学中教师会替幼儿回答问题吗？实际中的幼儿园片段教学，乃大家耳熟能详的试教（我们更愿意使用"模拟教学活动"这样的词语），只不过要求要尽量"虚境实境化"而已，试教得更逼真、生动、到位而已。

总之，片段教学在极个别省市幼儿园的蔚然兴起，实属误识误行，是到了该纠偏的时候了。

## 42 如何看待幼儿园教师编拟教案的问题

问

有一位幼儿园老师在微信上给我留言："吴老师,您好!想请教一下您,我们幼儿园上学期作了改革,要求教师不用写教案了,理由是教师的教案通常都是直接从网上复制粘贴的,没有什么实质性价值。我认为这种做法是不对的,作为一名教师不写教案,每节活动思路没有理顺,怎么去做好相应的活动准备呢?想请教一下您对教师不用写教案这一改革举措的看法。"

答

关于教案(教学计划)的认识,如果从幼儿园课程层面来进行分析,或许更利于人们对教学计划有个更全面而辩证的认识。

**一、理解课程实施的实质**

幼儿园教育是一种有目的、有系统、有组织的,以影响幼儿身心发展为直接目标的社会活动。作为幼儿园教育下位概念的幼儿园课程,则是幼儿园教育目标实现的载体和手段，而在幼儿园课程实施中，教学活动则是其最重要的途径。幼儿园教学活动具有目的性和专门性，一般是需要作特定的准备。幼儿园教学活动需要一定的活动计划，这是由幼儿园教学活动特征所决定的。

我国幼教先驱张雪门先生早在 20 世纪 30 年代就明确指出："教师对于儿童在幼稚园的时候，行为上的方法和材料已知有所准备，更不能不知道应如何的准备。若仅凭着环境使他们自由动作，必致各个人乱来一气，往往有冲动而少结果。而且儿童的行为，因倾向不同，绝难一致，教师更有顾此失彼之苦。所以我们对于课程不能不有准备。"[1]编订教学计划是幼儿教师实施课程必须要完成的一项工作，只是在课程实施中，对教学计划的理解与把握上要处理好与实践的关系，既要认识到计划在实践活动中起着指导作用，又要充分认识到计划之不足，要善于根据实际的变化灵活调整既定计划，使计划能适应实践的变化，让计划在付诸实践的过程中保持一定的灵活性。

将静态的教学计划付诸动态实践的过程，即课程实施。作为一项课程实施活动，在活动实施之前不作一定的计划是一种危险的行动。曾几何时，一线教师在接触与尝试生成课程时，由于对生成课程缺乏全面的了解与准确的把握，在课程实践中出现了对课程（教学）计划有所忽视与淡漠的现象，甚至走向不用编写必要的教学活动方案（计划）的极端。殊不知，如果教师在课程活动实施之前都不作任何计划，脑子空空如也，那又将拿什么去呼应幼儿，并与幼儿一起生成活动呢？如果说课程活动的生成机会是具有较强的不确定性，非教师能事先预定或预先做好相应的准备，而是带有不期而遇的色彩或是一种可遇而不可求的意味的话，那么，正如常言所道，机遇总是垂青于有准备的人。

由此可知，教师要在课程实施过程中，践行生成课程理念需要对教学计划作更严密而周全的设计。以方案教学活动著称的瑞吉欧教育体系也明确指出，"假如成人已经想到一千种假设，那么我们很容易接受出现一千零一甚至二千种假设的事实。当成人自己曾经想过许多可能性时，会持开放的角度去面对新的想法，也比较容易接受未知的事物。只持有一个假设会导致成人将全部的注意力集中在该问题"[2]。在课程实施之前要做好充分的准备，对课程活动展开的路径多作几种可能性的假设，并将之计划化，使之更具条理与开放，乃是提升课程实

---

[1] 戴自庵主编：《张雪门幼儿教育文集》（下卷），北京少年儿童出版社 1993 年版，第 821 页。

[2] C. Edwards，L. Gandini，G. Forman 编著：《儿童的一百种语文——瑞吉欧·艾蜜莉亚教育取向进一步的回响》，罗雅芬、连英式、金乃琪译，心理出版社 2000 年版，第 249 页。

施质量的重要保证。

　　但同时也要清醒地认识到教学计划再周密、再细致,在付诸实践的过程中也总会遇到一些临时突发而需要应对的教学事件,正如人们常说的"计划赶不上变化快"。因为幼儿园教学活动是教师在特定的时空所面对的一个个活生生的个体而展开的互动,时空变换、个体差异等临场因素都决定着教学活动是处于一种动态变化之中。教师在课程实施中就不能死抱着既定的计划,而应在课程实施中对计划作灵活处理,使之与当下的实际相适应,以更好地落实"以学定教"之原则,达到"以教促学"之目的。

　　一言蔽之,幼儿园课程实施的实质其实就是教师对课程(教学)计划再设计的过程,是一种富有创造性的脑力劳动的过程。课程实施首先要有教学(课程)计划,但计划付诸实践的过程又要考虑当下教育实践的实际情况,并依据实践作灵活处理。

## 二、把握课程建设的方向

　　刚性与弹性是教学计划中的"一体两面",如果从教学计划所涉及的时间维度来讲,则有阶段性教学计划和具体教学活动计划之分,其中,阶段性教学计划又包括学期、月、周计划。每一级的阶段性教学计划又可以分解为若干次级阶段性教学计划,直至具体某个教学活动计划。上一级阶段性教学计划是下一级阶段性教学计划制订的依据,而若干个具体的活动计划则是上一级阶段性教学计划的细化与落实。某一层级的阶段性教学计划的"整体效果"又是由相应的次级的各个具体教学活动计划所共同构成的,但又不是各具体教学活动计划的简单相加。从理论上讲,产生于具体活动间的幼儿经验,既有纵向递进关系,又有横向有机联系,也有的活动经验是呈纵横向的重复关系,因为对幼儿经验积累而言,必要的重复性学习是需要的。

　　由前述可知,在幼儿园课程实施中,具体教学活动计划是必要的也是必需的,具体教学活动计划是每个具体教学活动的行动指南。那么,学期计划与月计划有无必要呢?这就涉及当前幼儿园课程建设的基本方向,即幼儿园课程观演变方向或幼儿园课程类型问题。

　　如果教师在课程实践中所实施的是学科课程(学科活动设计),或其所认同的是"教材说"的幼儿园课程观,由于学科教学具有较强的计划性,使得教师往往需要事先编订出学期计划、月计划和周计划,规划出各阶段性计划中各教育领域有多少课时,教学活动的内容是什么,每个具体教学活动计划如何开展。简言之,学期计划、月计划是实施学科课程类型所必须的。

而随着幼教改革进程的不断深入,特别是当前所倡导的"活动-经验说"的幼儿园课程观(即主张课程开展应关注幼儿经验与兴趣、活动与生活,主张课程实施的儿童视角),强调课程生活化、活动化、生成性。若以"活动-经验说"的幼儿园课程观来考量,则阶段性教学计划的学期计划、月计划已不合时宜。

当然,如果教师践行的是学科课程类型,依据该课程类型之需,则教学计划的编订是有学期计划、月计划、周计划与日计划的。但即使是在幼儿园课程实践中带有浓厚学科课程色彩的时候,也有学者主张取消"月计划"一说,认为"计划并不是层次越多越好,从既有实效又省时间考虑,可以省略'月'计划,只需'周''日'计划"。同时主张"'周'计划必须重点突出,'日'计划必须详略得当"。[①]

在阶段性教学计划的处理上,目前幼儿园普遍采用的单元主题活动计划(方案)与周计划、日计划相结合的做法是有一定合理性的。单元主题活动计划(方案)是阶段性教学计划的一种方式,与月计划所不同的是,其是以活动主题的内容为单位,而非以时间单元为单位来进行规划,是以某个话题为核心而展开的一系列活动的总规划。

根据幼儿兴趣和教育需要,单元主题活动又可分为大单元和小单元,相应的大单元主题活动展开的时间跨度会长一点,而小单元则短一点。单元主题活动计划的制订、实施与结束是以主题内容信息量为依据,无固定的时间限制。在单元主题活动计划中,教师考虑更多的是单元主题下的若干具体活动的有机联系,以及相互所构成的有机联系的整体效应。

综上,对教学计划的认识,计划是必要的也是必须的,计划在执行时要彰显出计划的灵活性;而在阶段性教学计划中,则主张采用单元主题活动计划的形式,即以幼儿兴趣、话题信息量为课程实施的时间,若幼儿感兴趣的、话题信息量饱满的,课程实施时间就长一些,反之则短一些。同时,单元主题活动计划也要保持一定灵活性,使计划与实践保持一定的张力。

---

① 史慧中主编:《谈幼儿园的素质教育》,科学普及出版社 1994 年版,第 65 页。

# 43

## 如何看待教师需交繁多的教学文字材料现象

问

我们园每位教师都必须上交的与教学工作相关的文字材料,除了日常的教学活动计划外,老师还要定时定额地交"观察记录或学习故事""教学反思"等材料。但我们发现,老师交上来的这些文字材料,其实质量是令人堪忧的,我们也清楚其实很多老师对这些文字材料的撰写工作是比较抵触的,所交的"观察记录或学习故事""教学反思"有不少是"抄袭或编造"。现实尽管如此,但这些与教学相关的文字材料又是评估时评估专家最为关注而热衷检查的项目之一。为此我们也很苦恼,一方面明知道这些文字材料对教师改进教学质量所起的效果甚微,另一方面因评估检查的需要,我们又不得不要求老师这样做下去。想请教一下您对文字材料的提交方面有何宝贵的意见和建议?

答

我在网络上也有看到有人特地撰文抨击评估时要求被评单位"凡事都要留有痕迹"的这一做法,是属于典型的新形式主义。因为都要"留有痕迹"而导致在文字材料上不得不造假,已成为一种劳民伤财的全民运动。

　　本人也很难理解这一现象，评估专家走进幼儿园进行检查指导，为什么不多走进班级好好地看一看老师与幼儿在活动中的各种真实表现？为什么不多花点时间去看一看幼儿与我们所创设的室内外环境是怎样互动的？然后，再透过他们专家的专业眼光，对我们幼儿园的教育教学质量做出评判。如果再加上对园行政领导和个别教师的深度访谈，比如深度访谈园长的管理理念与管理方式、业务园长的教育理念、后勤园长的服务理念，再通过个别教师的访谈去验证对园行政领导的访谈结果，我想评估专家应该有能力对一所园的办园质量与存在问题做出比较明确的判断。而评估现场的现实情况，正如你们所言，评估专家经常是对现场中的活生生的"人"不大感兴趣，而是像一位资深的编辑在认真审稿那样，对那些"文字材料"逐字逐段逐页逐份地以"万分一"的出错率而严格要求自己。

　　文字材料表示的是"过去时"，审查材料应该只是评估的辅助形式。也就是说，对当下观察与指导中遇到的有"歧义"或一些需要进一步了解的问题，才借助这些文字材料来进行佐证，审查文字材料肯定不是评估的重头戏，评估应该是在关注与把握现在的基础上去展望未来。这种过分关注过去的，过分倚重文字材料来进行质量评判的评估导向与方式，确实值得深刻反思。

　　既然当下的评估活动还是需要检查这些文字材料，我们也只能尽量灵活处理这项"无趣又无用"的工作，使之对提升教育教学质量具有一定的促进作用。个人的建议如下：一是从教师自身的感受出发，组织教师进行讨论到底哪些形式的教学材料既是适宜她们做的，又是对她们改进教学行为、提升专业水平有帮助的？可以以年龄段的方式进行讨论，并尊重年龄段教师的讨论结果，也就是说，各年龄段具体需要写什么类型的教学材料，由各年龄段自决，不一定要强求全园统一。个人比较主张学习故事的这种文体格式，因为学习故事的记述方式比较多样，不完全是纯文字描述，也可以是图文并茂的形式，且目前专业期刊对学习故事这一教学材料比较感兴趣，很多期刊开辟专栏刊载优秀的学习故事案例。

　　二是在明确各年龄段或各职称段教师需缴交的适宜数量之外，可以同类材料"抵换"。比如刊载一篇专业文章，可以在同年度"抵换"相应的教学材料。或是在教学观摩研讨中，对于比较高质量的发言，可以过后请老师将之整理成文字，抵换一定数量的教学材料；或是给家长、本园同事等开设与教学相关的专题讲座的文字稿，也可以纳入可抵换的范畴。

　　三是教学材料上交的数量要求,可以按教龄或职称进行分层次管理,原则上应该是新手教师数量要高于熟手教师。

　　总之,推行"抵换制度"的目的是在尽量减少教学文字材料撰写工作量的同时,将教学材料检查的视角从"要求数量"转向"关注质量"。

**问** ........................................................

想请教您有关课题名称的修改问题。有个立项课题的题目是"领域教育与角色游戏整合策略的实践研究",L老师在课题开题会上的点评道:"角色游戏本身就具有整合教育的功能,只是因为教师缺乏对角色游戏中各主题教育功能的深刻分析,窄化了角色游戏的实际教育功能,而这个问题应该是本课题研究的重要内容之一。因此,建议课题更名为'多领域发展的角色游戏实践探索'。"我觉得课题名称也不是非常明了,想请教一下,改完后的这个课题名称应如何理解?

**答** ........................................................

此问题其实涉及课题名称的确定与表述,有人提出一个规范的课题名称最好能明确表达出三个信息,即研究内容、研究对象与研究方法。如"大班幼儿角色游戏水平的观察研究",这个课题的研究内容为"角色游戏水平",研究对象为"大班幼儿",研究方法为"观察研究法"。

一般来讲,在课题名称表述时要注意三个要求:一是表述必须简洁、具体、明确,如"大班幼儿角色游戏发展的调查研究"。二是不要将一些"前设"塞进课题名称的表述中,如"幼儿教师因工作压力过大而转行的研究"可改为"关于幼儿教师转行问题(现象)的调查研究"。三是不能将科研论文的题目简单地拿来当作研究课题的名称,如"深化课程改革,迎接时代挑战"。

就上述所提及的课题名称更改后课题题意不明朗问题,我从两方面分析。

一是领域所表示的是内容的一种集合,如果将"发展"放在狭义层面而非哲学层面来理解,那么将"发展"这一动词与"内容"搭在一起,即"内容发展"似乎不通顺,内容要么是拓展,要么是整合,要么是挖掘。在教育领域中,跟"发展"搭配成词组,通常是指"能力"方面的。

二是领域教育的形式有很多,比如语言领域教育的形式可以是集体教学活动(包括通过专门性的语言集体教学活动,也包括渗透于其他领域的集体教学活动)、区域活动、甚至是游戏活动。如果这样理解,那么角色游戏本身就蕴含着领域教育的使命,比如在角色游戏中去促进幼儿语言能力的发展。

我所说的这段话,与 L 老师前面所分析的意思是一致的。但我更倾向于将课题名称调整为"领域教育价值与角色游戏有机整合策略的实践研究",即将领域教育价值与角色游戏的开展有机整合起来。说得更具体一点就是教师在组织角色游戏过程中,要善于去捕捉其所蕴含的各领域的教育价值,即通过角色游戏的开展去捕捉领域教育的内容,并将所捕捉到的"这一领域教育内容"付诸实施,再通过"这一实施",即这一领域活动,去达到与所开展角色游戏的良性互动与有效整合。

# 45

　　每逢在申报各级教科研课题时,很多老师由于对课题申报表的各要素及撰写要求缺乏必要的了解,课题申报的成功率不甚理想。能否就如何做好课题申报工作谈谈您的看法?

　　课题申报要做好六项工作。

　　第一项工作就是要选择一项适宜的研究课题。在选择课题时,建议采用聚焦的方式进行课题的确定工作。比如,某研究者发现,目前有不少民办园纷纷开展了"幼儿英语教育",有的还号称"英语教育"是该园的办园特色。该研究者觉得有必要、也有能力对此问题进行一番研究。其实,此时该研究者所研究的是"关于城市幼儿园英语教育问题"。而如果要对此问题作实质性研究时,那么至少要经过三个基本步骤。

　　一是要对此研究问题所涵盖的"信息"进行详细的分析,并在此基础上对问题的范围进行初步的限定。就上述研究问题所涵盖的内容来讲,该问题(幼儿园英语教育问题)至少包括如下几个"小"的问题：幼儿英语教育目标、原则、途径、方式、方法、管理与评价的研究，幼儿英语教育教材建设、玩教具设计、环境创设的研究，幼儿英语教育与幼儿身心发展、与其他课程学习内容的关系研究，等等。

二是要对所分解出来的问题所蕴含的信息作进一步的限定。假如所限定的课题研究的范围是"城市幼儿园英语教育环境创设的研究"，那么，接下来再对所限定的研究范围所包含的信息进行第二次分析。比如，就所限定的"城市幼儿园英语教育环境创设的研究"而言，至少还可分解为如下几个具体问题：(1)城市幼儿园英语教育环境创设的内容有哪些？(2)城市幼儿园英语教育环境创设的标准是什么？(3)城市幼儿园英语教育环境创设的意义是什么？(4)城市幼儿园英语教育环境创设的原则是什么？(5)城市幼儿园英语教育环境创设的途径和方法有哪些？(6)如何对城市幼儿园英语教育环境创设进行评价与管理？

三是再次对这些所分解出来的"小"问题，根据实际情况从中选择某一"小"问题作重点研究。假如最后确定下来的研究课题为"城市幼儿园英语教育环境创设原则与方法的研究"，接下来进行研究时依然需要对这一"研究课题"所蕴含的几个"小"问题进行分解，这些"小"问题其实就是该课题研究的方向或角度，在课题申报书上往往体现在研究的内容之中。

可以清楚看到：如果研究者对所谓的"研究问题"没有进行逐步的"聚焦"，而是直接将之确定为"研究课题"，那么，"关于幼儿英语教育问题的研究"此"课题"其所涉及的范围之大是可想而知的。很多幼儿园教育研究新手所选定的课题之所以会"偏大"，很大的可能就是直接将"问题"当作"课题"来研究。

第二项工作是做好课题的核心概念的界定工作。为使课题申报书阐述得更加明确而清晰，研究者必须对研究课题中的一些核心概念的内涵进行明确的界定，以确保课题研究工作能得以顺利地开展。如对课题研究中所涉及的诸如"合作能力""熟手型教师""骨干教师"等关键词，在申报书中必须明确交代这些关键词具体指的是什么。

第三项工作是做好文献综述工作，即评审书中的"研究综述"，或称"文献回顾""文献综述"。其主要是指通过查阅文献资料，在了解本课题研究领域全貌的基础上，对他人或前人关于本课题的研究情况作出扼要的述评，并明确指出本课题研究的切入点。即将从何入手？预计将有何创新、突破等？在做文献综述时，应明确交代是通过什么途径？查阅到什么类型的文献？文献查阅的期间？与本课题直接相关的或是代表性文献有哪些？

第四项工作是清楚地阐述课题的研究意义(价值)、研究目标、研究内容。在阐述这几个要素之前,应先明确这三个要素的基本内涵。所谓课题研究的意义,指的是课题研究的理论意义和实践意义,前者指的是研究对有关理论建树的贡献,丰富或深化了人们对某一问题的认识;后者指的是研究对改善有关现状的具体作用。如在《残疾人职业教育与就业一体化模式研究》课题评审书中①对"选题意义及研究价值"是这样表述的:

> 我国有 8502 万残疾人,其中就业年龄段的残疾人约 3200 万人。2012 年度全国城镇残疾人在业人数 444.8 万,农村残疾人在业人数为1770.3 万。这意味着还有 900 多万适龄残疾人难以就业。同年,残疾人家庭人均可支配收入仅为全国居民家庭人均可支配收入的 56.2%。可见,残疾人家庭收入相对较低,生活较困难。因此,加强残疾人职业教育培训的研究与实践,对提高残疾人的就业率和就业质量有重要的意义。
>
> 1. 是保障残疾人权益的需要
>
> 《中华人民共和国劳动法》规定:"劳动者享有平等就业和选择职业的权利。"《残疾人就业条例》中也规定:"国家保障残疾人劳动的权利。"残疾人平等就业是我国法律赋予的一项基本权利,各级政府有责任和义务为其提供就业机会和适当的工作岗位。
>
> 2. 是构建和谐社会,实现全面小康目标的需要
>
> 构建和谐社会,实现全面小康是我国社会发展的主旋律。我国有8502 万残疾人,涉及 2.6 亿以上家庭人口。解决好残疾人的就业,不仅能促进残疾人平等参与社会和融入社会,而且能减轻家庭负担,改善上亿家庭人口的生活质量。这对于维护社会稳定,促进和谐社会的建设,全面实现小康目标有重要意义。
>
> 3. 是贯彻落实国家政策的需要
>
> 党和政府历来重视残疾人保障工作,为提高残疾人的就业率、改善其生活做出了大量的努力。近年来,各级政府颁布了一系列加强残疾人职业教育与培训、促进残疾人就业的政策。例如,2010 年国务院发布

---

① 本资料由泉州师范学院邓岳敏提供。

的《关于加强职业培训促进就业的意见》中提出"大力加强职业培训工作，建立健全面向全体劳动者的职业培训制度，是实施扩大就业的发展战略，解决就业总量矛盾和结构性矛盾，促进就业和稳定就业的根本措施"。2011年，中残联下发了《关于组织开展"加强残疾人职业培训促进就业年"活动的通知》，并将2011年定为"加强残疾人职业培训促进就业年"。然而，从政策到实践还有很长一段路要走，只有加强残疾人教育和培训，提高他们的就业能力，才能把这些政策贯彻落实，真正造福残疾人。

总之，就业是民生之本，加强残疾人教育培训与就业一体化模式的研究，对于实现"平等、参与、共享"的残疾人核心价值观、维护社会稳定、促进社会和谐发展、实现全面小康的目标有重要的现实意义。

而课题的研究目标是指课题研究所要解决的具体问题的预期效果，即获得对某一教育现象（本课题所涉及的）及与其他现象之间相互联系的科学认识。课题研究目标的表述应该做到具体、简洁、可观测与可验收。

比如，有一项有关幼儿足球课程实践探索的研究课题，其研究目标是这样表述的：（1）探索出适宜性足球课程各年龄班的目标定位；（2）探索出各年龄班足球课程活动组织与指导的基本原则；（3）探索出各年龄班足球课程活动组织与指导的基本方法与方式。

课题的研究内容，也就是课题研究的维度，即研究者在课题实际研究中，拟从哪几个关键的小问题切入，才能对所要研究的课题进行比较全面而深入的研究，并完成预定的研究任务。

第五项工作是要交代课题主要的研究方法与过程。在课题评审书中，应明确交代主要采用什么研究方法，并根据所确定的研究方法结合本课题研究的实际情况，拟出较详细的研究程序，即应详细地说明做什么、如何做等具体操作性问题。

比如某课题"中心城区幼儿园楼道游戏的开发与实践研究"，[①]其研究目标确定为："通过测算幼儿园楼道场地条件，挖掘其空间特点和利用价值，设计并开展符合中、大班幼儿年龄特点的楼道游戏（内容和形式），形成一套有趣、有益的楼

---

① 江欣怿：《幼儿教师科研方法的选择与运用》，《上海托幼》2016年第7、8期。

道游戏活动集。"为达成研究目标,结合研究方法开展的研究过程设计是这样的:

(1)通过文献研究法,梳理中、大班幼儿年龄特点及游戏特点、游戏开发与设计的内涵与原则等,为进一步设计和开展楼道游戏奠定良好的理论基础。(2)通过现场测查法,实地测量幼儿园楼道可利用的实际面积,梳理每个楼道一日人员通行量和高峰值时间。通过观察法,观察中、大班幼儿在楼道里的表现,统计多发行为类型、频率,为楼道游戏的设计提供依据。(3)通过案例研究法,基于楼道场地的特点设计符合中、大班幼儿年龄特点的楼道游戏并形成案例。在游戏实施过程中,做好现场观察和记录,调整游戏内容、活动材料、组织形式、场地要求及注意事项等,形成有关楼道游戏的手册,以便推广和应用。

上述例子中,对该课题研究所需要运用到的研究方法以及这些研究方法在该课题研究中具体是怎样运用的,表述得一目了然。

第六项工作是要清楚地交代好课题的研究过程。课题研究过程一般分为三个阶段,即准备阶段、实施阶段和总结阶段。在评审书中应对每一阶段要做什么、怎么做、大体上什么时间做、需要多长时间等作明确的安排。如果是协作性课题研究,还需明确分工、确定各环节的工作内容、限定完成时间、明确负责人,以提高研究效率。

扫描二维码阅览某幼儿园申报福建省教育科学规划课题的评审书中课题研究设计与论证报告内容,此范例供大家参考。

# 46

## 如何开展好园本教研活动

我们幼儿园的班级很多,是属于规模比较大的幼儿园,我们平时的教研方式是以分小组方式进行,每组参与成员包括三个年龄段,采用组长负责制,比如领域组(具体又分科学组、艺术组、健康组等)、区域与游戏组等。请问这样的园本教研形式可以吗?

园本教研就是要通过教研的形式,集思广益,借助集体的智慧来解决本园在课程与教学中存在的实际问题,并在解决问题的过程中形成本园教师的专业学习氛围,进而构建教师专业学习与专业成长共同体。根据园本教研的内容以及运行要求来讲,可以将园本教研粗略地分为"课程常规式教研"和"课题推进式教研"。

"课题推进式教研",顾名思义就是围绕课题研究这一中心任务而展开的课题研讨的一种形式,相比较而言,"课程常规式教研"没有明确的课题结题硬性指标,具体的运行要求可能不如"课题推进式教研"那么严格。但从幼儿园教研管理的角度来讲,"课程常规式教研"还是需要提出一些基本的教研管理要求,比如"各教研组"需要制订学期或学年教研计划,教研计划至少应包括"教研主题(内容)、教研活动进度安排(具体内容、教研形式、教研时间、承担者与主持人等)、教研成果体现形式(现场观摩、教研专题小结)"。作为幼儿园行政领导应根据各自的特长与兴趣,分头挂联各教研组,在参与所挂联的教研组教研的同时,也起着引领与监督管理的作用。当然,如果幼儿园有出台相关教研效果评比制度,对各教研组一学期或一学年来的教研成效进行横向评比,通过必要的评比方式来表扬优秀,以及督促后进。相信有了比较健全的教研管理制度,园本教研质量才有可持续发展与提升的可能。

你所介绍的你们园的园本教研情况,基本就是属于前述的"课程常规式教研"。但我希望以后你们还可以结合所申报立项的全园性课题进行"课题推进式教研"。当然,要借助教研形式来推进课题研究,所申报的课题至少应具备两大特点:一是实践性,即课题应该是关乎幼儿园课程与教学方面的问题,是可以通过日常的课程与教学活动这一形式来进行研讨的;二是共识性,即所研讨的课题是本园急需解决的带有普遍性的问题,是大家共同面临的需要关注的问题,非个别教师或个别几个人感兴趣的问题。如果说"课程常规式教研"中的教研小组更多是指"教学组",即由承担"某一领域(方向)"教学任务的教师共同构成,那么,"课题推进式教研"中的教研小组就是"课题组",即由课题实验班成员所构成。"课题推进式教研"应紧紧围绕课题申报书所拟定的"课题研究进度与步骤"而实施,它具有更明确的课题研究阶段性反思、调整与推进的要求,带有更强的研究意味。

但不管是何种园本教研形式,作为幼儿园管理者要有意识地建立一种"共参与、同进步""互惠共赢"的教研文化。具言之,一是所有参与教研的老师都要有明确的任务与要求,即"教研活动无闲人",每人都要做好发言的准备。二是每个人的发言方式应该倡导"意见 + 建议 + 理由"这种发言逻辑,即不能只提意见,而在提意见的同时还应提出相应的建议与理由。此举,既是提高发言者的发言质量,又是所倡导的"互惠共赢"的教研质量得以落实的重要保证,即所有参与者(包括执教者)都能从发言者的高质量的发言中获益。

比如,在区域活动或游戏活动现场观摩教研活动中,应该明确要求每个教师在现场观摩时需做好定点观察与记录的工作,并在现场观摩后进行教研反馈时围绕两大方面进行有质量的发言:(1)刚才我在看什么?我看到了什么?哪些是我看懂的,想与大家一起分享? 哪些是我疑惑的,想请大家一起分析? (2)假如我是该班教师,我所观察的这个区域或这个游戏主题,我后续推进的主要思路或措施是什么? 对于后面第二问题的发言,我个人认为作为幼儿园管理者应有意识地加以强调与落实。因为作为提供教研活动观摩的承担者,她不能只是这场教研活动的"贡献者""付出者",同时也应该是整场教研活动的"受益者""收获者"。

也就是说,如果在场观摩的老师都能对每个区域活动或游戏主题的后续推进思路给予她一些有益的建议,那么,这显然是有助于她更进一步做好各个区域纵深推进工作的。我想这位承担现场观摩的老师如果也能从中获益,那么,或许以后她就会更乐意地承担起提供现场观摩的任务。

至于在园本教研中如何有效解决好"沉默者"现象,我想还是得依靠相应的教研管理制度去驱动。比如,在现场发言时采用"圆桌会议制",即每人轮流发言3~5分钟;"重点发言制",即在教研时间有限的情况下,邀请几名教师做重点发言,或是针对几位较少发言的教师,通过点名方式迫使其在教研中发言;等等。在幼儿园的教研发言记录中,将每位教师的发言情况记录其中,以月为单位公布教师或班级发言次数,通过亮"清单"的方式,表扬优秀督促后进。

关于这个话题,我之前有一篇《促进城市公办园教师研究有效开展的基本机制》的短文①,现提供如下,供你们参考。

要确保园本教研在幼儿园得以有效有序运行,建章立制是每个管理者首要考虑的问题。本人认为,就园本教研活动而言,所谓的规章制度至少应包括园本教研保障制度、激励制度。

## 一、良好的园本教研保障制度

要构建支持园本教研的长效机制,使园本教研活动经常化、制度化,必须有相应的制度保障。

首先是组织保障,应成立专门的组织机构来管理园本教研工作。实践表明,在一些园本教研工作开展得较好的单位,通常配设了专门管理园本教研工作的组织机构,由专人负责园本教研问题管理。如成立园本教研指导与考核委员会,

---

① 吴振东:《促进城市公办园教师研究有效开展的基本机制》,《衡水学院学报》2013年第5期。

由园长或业务园长亲自挂帅,年龄段长或骨干教师共同组成,形成一个自上而下的纵向组织,层层落实。园本教研指导与考核委员会负责园本教研活动的开展与管理工作,包括园本教研课题的确定、计划拟定、实施反馈等工作。

其次是时间保障,要保证教师有足够的研究时间。时间是一个常量,要让园本教研活动得以长效地开展,教师的研究时间是一个不可忽视的现实问题。幼儿教师工作较为繁重,他们除了要应对繁忙的教学工作外,还要承担名目繁多的案头工作。

作为幼儿园管理者要保证幼儿教师有足够的时间投入到研究与学习活动,一是应深入调查,从务实的角度(必要性和实效性)出发,在充分调研论证的基础上,对教师的文案工作量做一个较科学合理的增删,让教师从无用且无趣的文案中解放出来,并将宝贵的时间投入有效而有趣的研究与学习中去。二是要增强教师时间管理意识,引导教师有效地分配好时间,懂得用重要的时间做重要的事情,不断提高自身的工作效率,以腾出更多的时间投入研究与学习活动。三是应尽量减少无实在意义的各种会议,专门划拨出一定的时间来开展各种研究与学习交流活动,如读书报告会、好书来推荐、学习沙龙等等。

再次是资源保障,要创设有利于教师开展园本教研的外部支持性环境。外部支持性环境,一是指在园本教研与学习资源的提供上要有保障。比如要有足够数量与质量的专业书刊、音像资料和丰富的网络资源,幼儿园每年应以逐年递增的方式划拨出专门资金用于教育书刊的购置。二是要建立有利于教师开展园本教研的人力资源支持系统,特别是要尽可能和大学教师、教科所的研究人员建立专业上的联系,通过"请进来、走出去"等方式,保障本园教师可以源源不断地从外部环境中获得有益的信息资助,或是园本教研工作上的纵向引领,以保证园本教研的质量。

## 二、合理的园本教研激励制度

俗话说:"水激则石鸣,人激则志宏。"相关研究也表明:如果一个人未曾得到激励,他也许只能发挥 20%～30% 的能力;如果一个人得到充分的激励,他就可能发挥 80%～90% 以上的能力。激励是一种引导、教育和管理活动,是通过外部的刺激、灌输和影响,把激励的内容转化为人的思想和自觉行为。现代管理心理学认为,激励是管理的核心,建立合理的园本教研激励制度以促进教师开展好园本教研工作,无疑也应是园本教研管理的核心。

合理的园本教研激励制度的基本内涵:激励方式和形式多样化,激励对象个性化。著名心理学家马斯洛指出,人类的需求是呈多样性、多层次性的,对教师的激励也应符合教师的需求特点。借鉴心理学的激励理论,认为园本教研的激励方式至少可以有如下四种。

一是薪酬激励,即以一种通过满足个人或群体的衣食住行等方面的物质利益的需求来激励管理对象。薪酬激励是将幼儿教师开展园本教研活动作为考核其工作绩效的项目之一来处理,并在教师薪酬分配上给予一定的体现。比如,幼儿园可以在充分调研论证的基础上,遵循公正科学的原则,尝试性地按教师参与园本教研的绩效将幼儿教师划分为三级,并且相应地按 100％、50％和 10％的比例进行差异性分配。

二是榜样激励,每年度将好研究、勤研究和乐研究,有效地把研究、学习、工作、生活融为一体的教师评为"幼儿园研究型教师",并予以物质和精神奖励。物质奖励可以是薪酬激励,也可以奖予"货币购书券",或者给予更多外出参观学习的机会等;精神激励可以是张榜表扬,宣传先进事迹,授予荣誉称号并颁发证书,并以园级先进的名义享受相应的绩效管理的"加分奖励制度"。

三是晋阶激励,将教师开展园本教研的状况与教师职称评聘、干部提拔任用等相挂钩起来,在涉及教师晋阶项目上要将爱研究、乐研究、会研究作为一个重要的评量指标。当然,要长期有效地实行晋阶激励制度的重要前提就是在管理上要打破目前职称评聘、职务晋升终身制的陋习。教师是一种晋升渠道相对狭窄的职业,如果在职称和职务上不作改革,必然无法发挥其在管理中的促进功能。目前在职称评聘上虽然实行了评聘分离,但要真正将职称评聘作为一项管理杠杆,就必须实行"校本职称制度",如推行幼儿园首席教师制等;在职务晋升上也应大胆倡导"能上能下"的流动制度,保持职位相对"空虚"状态,让人人都能看到晋升的通道。

四是目标激励,指的是幼儿园根据教师入伍年限、职称高低等因素,制定出各岗位教师每学年的研究任务,并按目标的达成度给予相应的激励。当然在激励形式上可以是个体与团体兼顾,有的激励项目可能是要以团体激励方式进行,比如先进教研组、先进课题研究团队等,而有的则可能是要进行个体激励。

所谓激励对象个性化,指的是在实施多种激励方式的同时,还应充分考虑到教师的个别差异性。由于年龄、性别、社会地位、经济条件等不同,面对同样的激励不同的教师具有不同的感受和体验，激励所产生的吸引力也有所不同。因而，为了提高激励的效力，使之对教师产生最大的吸引力，作为管理者应善于根据不同个体、团体的特点，结合被激励者的意愿，实行不同的激励方式。比如，对于处于职称晋升阶段的青年教师可能更需要在评先评优、职称晋升等方面进行激励；对于处于有更高专业追求的骨干教师，对外出学习进修培训的需要可能会更为强烈一点；而对于优秀教师且具有较强管理潜质的，则应在行政管理岗位上加以优先考虑。

## 三、科学的园本教研考评制度

能否对教师园本教研质量与数量作一个相对科学的考核，直接涉及园本教研激励的公平性、适宜性，进而影响到激励管理的有效性。关于幼儿教师参与园本教研考核制度的建设可以从几个方面来考虑，就考核主体与程序而言，可以由个人自评、同事互评和园本教研指导与考核委员会终评相结合，评定出每位教师的园本教研的考评分数，并作为考核教师参与园本教研工作的依据；考核的方式可以是质量考核和数量考核相结合；考核类型可以是过程性考核和终结性考核相结合；考核目的也可以是横向鉴别式和纵向发展式的；等等。

要对幼儿教师参与园本教研进行科学有效考核，就操作层面而言，首先可以采用目标管理方式，先根据不同的教龄制定出教师岗位研究职责。制定教师岗位研究职责的意义：一是从制度层面上促进教师将研究落到实处，养成一种良好的研究习惯，有助于在幼儿园里营造一种"科研兴园"的氛围；二是增强教师园本教研的目的性与计划性，众所周知，研究者在研究过程中没有研究目标，那么，研究的有效性必将大打折扣；三是可以作为考核教师参与园本教研情况的依据。

其次是要制定相关文件，完善园本教研情况的登记制度，建立教师完成园本教研任务情况与教师年度考核、专业技术职务评聘和教师工作岗位聘任相联系的制度。比如可以做这样的规定：凡没有完成岗位研究任务的教师，当年年度考核不能评为优秀，不得申报评审高一级教师专业技术资格，等等。

# 47

## 如何做好园本教研中专业引领工作

**问**

因工作需要,我从原来后勤副园长调为业务副园长。作为业务副园长的重要职责就是确保幼儿园保教工作的有效开展,不断提升本园保教质量。而保教质量提升的载体就是园本教研。想请教一下,对于我来讲,在组织教师开展园本教研活动时应注意哪些事项?

**答**

因为你是业务副园长,你的身份决定着你在园本教研中可能既是主持者又是引领者。当然,如果你们的园本教研活动中如果有外援的专家参与,那你的身份可能就属于主持人身份,如果没有外援专家介入,那你就得将专业引领的重任担当起来,在园本教研现场中,你就是扮演着专业引领者的角色。而要在教学现场中较好地履行专业引领工作,需要注意与掌握如下技巧。

第一,要明确专业引领的基本原理。园本教研中的专业引领要真正能达到指导的立足点是为了不导,"教是为了不教,讲是为了不讲",引导教师学会独立思考、独立教学、独立研究的目的。那么,作为引领者和被引领者都应明确在专业引领的过程中双方所应承担的责任。

从维果斯基的社会建构论来看,园本教研中的专业引领的基本原理就是专业人员借园本教研这一载体为教师的专业成长"搭架",就像建筑上用的"脚手架"那样不停顿地把教师的专业发展从一个水平提升到另一个新的水平,最终让教师学会独立教学、独立研究。就教师专业成长中的责任分担的角度而言,专业引领的过程其实就是专业引领者与一线教师间责任迁移的过程,在刚开始时教师的专业成长需要他人帮助(包括同伴互助和专家引领)多一点,到后来需要自己的努力多一点,直至最终把专业发展的责任独自担当起来。

因此,作为被引领者应明确自己在什么方面需要专业的引领,也即应明确自己在专业发展过程中的现阶段最需要学习什么,以及应做出什么样的努力来配合专业引领;而作为引领者同样也应明确被引领者最需要什么方面和什么方式的专业引领。唯有这般"对症下药"的互动,才能真正达到预期的引领效果。

由此看来,专业引领者在园本教研中要保证专业引领有效性的一个重要前提就是对被引领者的了解。了解他们的话语特点,了解他们专业发展的动机,了解他们现有的水平与可能达到的发展水平,即被引领者在专业成长上的"最近发展区",并在了解的基础上提供适宜的支架——或是技术层面的范例引领,如骨干教师的示范课;或是价值层面上的理论解读等。因为人在不同职场生涯阶段中所面临的专业发展任务不同,因此所需要专业引领的方式也是不尽相同的。

第二,扮演专业引领的多重角色。专业引领者参与园本教研的角色不仅仅是行为的示范者或是先进理念的解读者,在具体的园本教研活动中,专业引领者要能更好地发挥起专业引领的功能,就需要在教研活动中善于扮演好多种角色。

一是研讨资源的发掘者。专业引领者在教学现场指导中的一个重要角色就是要能对蕴含在教学现场中的值得研讨的资源予以较准确而充分的发掘,对值得肯定和发扬的优点要能说够以鼓舞人,对需要解决的问题要能说透以启迪人。如果专业引领者在教学现场观摩与研讨中未能将研讨资源的发掘者这一角色扮演好,那么这种基于教学现场的指导也就很难能做到位。

二是教师话语的倾听者。教学现场中的专业引领,并不是简单地将该教学现场所存在的问题的答案,或值得发扬的成功经验直接告诉参研的教师就完事了,专业引领者在教学现场指导还有一个很重要的任务,就是应该借研讨这一平台去了解参研教师对此问题的看法。因为透过他们对所研讨的问题而发表的看法,可以间接地了解参研教师发现与分析问题的能力以及现有的观念、水平等,并可据此进行有的放矢的指导。

这在客观上就需要专业引领者,在指导之前就应扮演好教师话语的倾听者这一角色。此外,专业引领者在研讨中的这一倾听者角色,还有助于克服专业引领者易患"话语霸权"的陋习,通过倾听既为教师提供一个话语表达的空间,为整个教研的民主氛围的营造提供保障,同时也有助于专业引领者能够有机会去发现一线教师身上的闪光点,向一线教师学习,体现理论与实践相互取长补短。

三是教师积极思考的激发者。专业引领者在园本教研中应尽量避免将问题的"答案"直接告诉参研教师,而应该积极鼓励和引导教师运用新的教育观念去思考问题,并尽量将自己对问题的看法"外显化"。或是及时地唤醒参研教师的已有成功经验,让教师积极地将已有经验迁移到新的问题中来,比如可以启发教师设身处地地思考:这个问题假如是你遇到的,你会怎样处理? 为什么会这样处理? 等等。基于教学现场的指导的最终目的就是让教师学会独立思考,因而,专业引领者在指导过程理中应成为教师积极思考的激发者,启发教师去思考而不能是代替教师的思考。唯此,教师最终才能学会独立思考。

四是教师视阈融合的催化者。由于参研的每位教师的知识水平、社会阅历、专业实践经验等方面存在差异,也就决定着他们看问题的视角是不一样的,在教研过程中必然会伴随着不同的观点的相互碰撞,再加之幼儿教师的思维特点及"局内人"的局限,使得他们很难做到使自己的视阈与他人很好地融合起来。这就要求专业引领者在教研过程中要能根据实际情况,从"局外人"视角和更开阔的视野,通过适当的点评等方式为教师间相互碰撞的观点提供一个视阈融合途径,或是成为教师视阈融合的催化者。

第三,讲究专业引领的回应技巧。基于教学现场的专业指导过程,其实就是专业引领者以问题为中心与一线教师的互动过程。而专业引领者要保证这一互动的质量,就必须讲究一些必要的互动(回应)技巧。

一是聚合策略。在以教学现场为载体的园本教研中,有时会出现教师因缺乏发现内嵌在教学现场的核心问题的能力,而导致研讨中出现大家发言的"议题"过于零散,以致无法作实质而深入的探讨。在这种情况下,如果现场主持人无法很好地加以把控,那么作为担任指导职责的专业引领者就应站在比较高的层面上,将散点式的问题整合成线索鲜明的议题,并借此引导教师进一步明确研讨的方向,为深层次的专业回应做好准备。

二是深化策略。在教学现场指导中,专业引领者应尽量地透过互动的过程去了解教师内隐的观念和真实的想法。为此,专业引领者在遇到关键的问题时就有必要对一线教师前面所说的某一观点、概念、时间或行为作进一步的追问。

追问的原则:一是就对方自己所使用过的语言和概念来进行追问,比如,"您刚才在谈到幼儿园课程改革时曾经使用了'整合'这个词,请问这是什么意思?"。二是要注重保持对方阐述看法时的流畅性,一般来讲,对于不太清楚的一些细节(如教师教龄、班生数等)可以当即进行追问;而对于一些追问的内容若涉及重大概念(如"园本课程""方案活动"等),专业引领者应该等教师表述完后再进行追问。另外,有时遇到教师所提的问题的指向性过于宽泛,专业引领者为更进一步了解一线教师的真实观点,也可以顺着教师的思路用一两句话总结一下,使观点进一步细化和明确化,比如,"……,您刚才谈的就是这个问题吗?"

三是唤醒策略。有时有的教师由于缺乏深入思考而出现问题提得过于随意,或观点谈得过于肤浅的现象,这时需要专业引领者通过反问的方式引起教师对问题的进一步思考。

比如,有一次在区域活动教学现场指导中,一位教师认为:区域活动的目标不像集体活动那么明确,在区域活动中看到的都是幼儿在玩,好像对幼儿的发展没有多大的促进作用。大家知道,"玩中学"是幼儿的学习特点,这对幼儿教师来讲是专业常识,显然该教师在提这一问题时是比较随意的。这时,专业引领者就可以通过反问的方式促使他再次思考,比如:玩是幼儿学习的重要特点吗?衡量一个活动对幼儿是否有发展价值的指标是什么?

四是委婉策略。有时教师谈的看法或提的问题价值不高,有的甚至是错误的,这时如果作直接的回应,势必会使现场出现一些尴尬的局面。因而需要采用一些委婉的方式予以间接回应,比如,可以请该教师带着问题去阅读某方面的相关文献,让教师在这种阅读相关理论的专业隐性引领中自动修正自己的观点,提高认识。

当然,如有可能也可以将这种低质量甚至是错误的问题与其他相似的有价值的问题巧妙地嫁接起来。比如,某某教师所提的看法与某某老师的看法其实涉及的是同一问题,大家可以就这两种看法进一步谈谈自己的意见。

五是留疑策略。有时教师提的问题虽很有价值,但明显不是依靠一两次研讨活动就能解决的,而是需用较长的时间作进一步深入的研讨。这时专业引领者就可以该教师所提的这一问题适当地加工提炼,以留疑的方式作为大家今后继续研究的方向,鼓励大家今后对这一问题多关注、多思考。

# 48

## 如何推进与深化园本教研工作

**问**

伴随着国家基础教育改革的浪潮,园本教研制度在幼儿园得以大力推行,并在积极推行的过程中建构出多种行之有效的园本教研模式,当然在实践中同时存在着一些问题。想请您就今后园本教研的发展动向谈谈建议和看法。

**答**

在"教师即研究者"理念的指导下,广大幼儿教师对此理念的理解与践行可谓是见仁见智,或是迷茫为难、徘徊不前,或是勇于尝试、乐乎其中,或是松懈倦怠、敷衍搪塞,等等。但"研究"已是幼儿教师角色内涵应有之义,参与研究活动已是幼儿教师职场的新常态,这已是大家的共识。在新时期背景下,如何使幼儿教师参与研究工作、走上可持续发展之路,使园本教研焕发更精彩的活力,确是值得认真思考的现实问题。

## 一、提升园本教研价值：丰盈教师职场生命

对事物所蕴含的内在价值的认识不同，则对该事物的践行程度也是不同的。目前人们对园本教研活动价值的认识，之前更多地定位于解决教师在教育教学工作中遇到的当下问题，通过问题的解决以改善教师教育行为，提升保教质量，并在研究中倡导与营造一种专业学习文化，进而达到促进教师专业发展之目的。

这种"研以致用"的价值定位可以称为"实用性价值观"。不可否认，园本教研给教师直接带来的是实用价值的感受。但如果将园本教研的价值仅局限于实用性层面，那么必然会让园本教研的有效开展走向难以逾越的发展瓶颈，甚至会使曾投身于园本教研活动的教师逐渐走向倦怠之旅。

以实用观维度来定位园本教研的价值，这是园本教研工具论的思路。工具是用以满足主体需要的，一个作为设定为满足某一需要的工具，如果该需要一旦得以满足后，则该工具就会面临着失去其存在价值的危险，即使是将园本教研定位于促进幼儿教师专业发展这一相对比较高层次的实用价值。那么，众所周知，教师是一种发展空间与渠道较为缺乏的职业。作为幼儿教师能因"教而优则仕"的机会很少，而能顺利评上中学高级教师职称者也是为数不多。

即使时至今日，各地纷纷进行了中小学教师职称评审制度的改革，设置了教授级这一正高职称，但能满足评选条件者应该也是凤毛麟角。如果幼儿教师的从业年龄以 22 周岁计起，在职称正常晋升与评聘背景下，大致到了 40 岁左右就完成了个人专业发展的职称评审指标要求，即评聘上幼儿园高级教师职称，也即通过投身研究以实现自身专业发展之需的期限是在 40 岁左右。诚如是，则幼儿教师的职场生涯至少有 15 年光阴（以 60 岁退休为准）是处于"无研究"状态，即走上凭经验、吃老本的职业倦怠之路。

教学是教师职场生涯的主要活动形式，教师教学生活要摆脱日复一日地不断重复"昨日故事"的职业状态，做到常教常新，让教学生活每日充满着新鲜感；让教学生活焕发生命的活力；让教学生活既充满理性的深度，又有关怀的温度；让教学生活成为教师职场有意义的生命之旅，那么，研究则是教师走向职场幸福之旅的不二选择。苏霍姆林斯基曾说过，要使教师体验职场的幸福生活，那就将他引向一条研究之路。

教师的教育对象是活生生的，是个性、认知特点、生活背景各异的个体，教师

要真正做到以学定教、因材施教,客观上教师就必须借助研究这一利器去了解自己的教育对象。尤其处于信息爆炸、价值取向多元化新背景下,每位教师都非常有必要通过开展研究性的学习积极去吸收新营养、新观念,及时了解教育新动态,掌握教育新方法、新手段。教师职业是一个与"学习"密切关联的职业,而研究对教师而言更多的意蕴是一种高质量的学习,教师只有通过不断的在职学习,才能使得传递给学生的水是源源不断的新鲜的活水,而不是一种出于静止状态的、混沌的一桶水。

由此可知,研究是教师在职场生活履行教师岗位职责的应尽之事。不管教师需不需要解决教育教学问题、满足职称评聘之需要,教师要履行、胜任本职工作本身就必须投身于研究,研究应是贯穿教师职场生涯的全过程。幼儿教师投入教育教学研究,固然可以解决当下遇到的难题,满足教师职称评聘之需,但这只是园本教研的外在性与阶段性价值体现而已。

园本教研于教师职场生涯而言有本体性价值,而非仅有实用性价值,研究是有效地激活教师旺盛的职场生命的有效的手段。一位教师的职场生命是否温润丰盈,是否有长度、厚度与深度,就取决于对研究工作的投入程度。我们认为,之前将园本教研价值定位于实用层面,这是对园本教研价值的表层认识,并大大窄化了园本教研价值的应有内涵。因而,要使园本教研走向可持续发展之路,就有必要正本清源,做好对价值定位的转向,即从实用性走向本体性。

## 二、转变园本教研视角:贯彻以学定教原则

从当前园本教研的主要形式(如"课例研究"中的"磨课")来看,我们不难发现园本教研仍是以"研教"为主,即通常将教研内容聚焦于活动目标制定的水平适切性、内容全面性、表达准确性,活动内容选择的适宜性、趣味性,活动环节设计的逻辑性、流畅性,教学方法选用和现场师幼互动的多样性、有效性,活动效果的达成度,等等。

致使当前园本教研出现以"研教"为主的可能原因:一是观念层面过于陈旧,受传统教学观的影响,即教学活动以"教师、教室、教材"为中心,认为教师教得好,学生就学得好,有教即有学,全然忽略教师的教是为学生的学而服务,学的效果是评量教的质量的标准。当下在教师教学技能竞赛中时常采用的"借班赛课",以及教学名师到下一级地方幼儿园所进行的"异地献课"等形式,其实都是

将教学这一本应属于多维的主体间活动简化为只有教师"教"的行为的单向度活动,而全然不必去考虑学习者"学"的问题。在教学活动中,教师不研究其所面对的教育对象的特点,不了解他们已有的经验水平、兴趣与关注点,而贸然对其施教,这犹如一位水手在陌生水道航行,其难度与危险性是可想而知的。

这种眼中只有教而无学的最极致现象,莫过于某地方兴未艾的片段教学。很难想象教师在片段教学的"虚境"里怎样去呈现出"实境"中最富有生命活力、最精彩的、又最难驾驭的师生互动的策略与效果。教学活动绝不是师幼在冷冰冰知识面前所仅拥有的一种授受关系,其更应是师幼间思维互激发、智慧齐绽放、情感共鸣生的多维度交流的生命体验之旅。二是操作层面贪图便捷,在教研活动中将研讨对象聚焦在教师身上,具有目标明确、信息集中、便于对话交流等操作层面上的优点。一般而言,如果幼儿园的教研文化和谐向上,当事人态度端正、认识到位,通过"自我反思、同伴引领、专家引领"这一教研机制,是可以取得有效而有益的教研效果的。

但如果将园本教研视角一直锁定于教师身上,在实践中坚持以"研教"为主的园本教研取向,则必然会给教师传递着这样的信息:做好教学工作,只要研究自己的"如何教"而不用去研究学习者是"怎样学"的,久而久之,我们必将学习者这一教学活动之最重要因素遗忘,从而忘却了开展教育教学活动的初衷。

显然,这种不去"研学"而囿于"研教"的园本教研倾向是急需加以纠正的。但从现实角度来考量,将"研教"视为园本教研发展的一个阶段或许是适宜某一特定范畴,如新入职教师这一特定专业发展阶段教师的教研需求,参加诸如"教坛新秀"等某一特定赛课活动之需要,但其绝不是园本教研发展的基本方向或主线索。从"因材施教""以学定教"的教育原则出发,我们应旗帜鲜明地持"研学"的园本教研取向,通过"研学"去了解学习者的经验水平、认知特点、兴趣范围,则是落实"因材施教、以学定教"的前提条件。

当前将园本教研视角从"研教"转向"研学",在客观上有助于增强教师教育观察意识,提升教师教育观察能力。因而,我们期望转向后的园本教研的新场景是这样的:教师能更多地以幼儿的视角,就活动的选择、活动目标的拟订、教学方法的选用、师幼互动策略的调整等问题进行真实而深入的反思;教师能比较全面而深入地讲述其所面对的每个幼儿的个性特点、家长职业背景、家庭教养方式等有关信息。在园本教研中,担任引领者或主持人角色的园长或骨干教师,应有意识地去引导和要求执教教师说一说:幼儿喜欢这个活动内容吗? 活动目标的拟订是基于幼儿发展的哪些需要,以及现有的什么水平? 在开展本活动之前,教师是通过什么方式、什么途径去了解幼儿的? 教师在活动组织过程中,又是如何根据幼儿的反应及时调整师幼互动策略的?

显然,园本教研的这一发展取向则无疑可以有效地引导教师走上自觉去观察与分析幼儿的研究之路,让活生生的幼儿形象永驻教师心中,让"教"真正地为"学"而服务,以学定教,以教促学。

## 三、丰富园本教研主体:倡导家长积极参教

园本教研就是组织本园教师和行政人员,或邀请园外专家就本园教育教学所遇到的问题进行集体研讨,旨在通过园本教研活动去促进教师教育观念的转变、教育行为的改善,提升保教质量。换言之,园本教研的主要目的就是提升教师专业水平,提高办学质量,最大限度地促进幼儿身心全面健康发展。如果说幼儿是园本教研的最大受益者,教师则是园本教研的最直接的受益者。

从相关利益理论而言,涉及幼儿利益的主体有幼儿、教师和家长。那么,关乎幼儿利益的事项,作为幼儿照护者和监管者的家长是有参与权利的。而目前园本教研的参与主体主要还是以本园教师为主(包括园行政人员),鲜有主动邀请家长参与园本教研活动的。

究其原因,一是幼儿教师可能认为与来自不同职业背景的家长对幼儿园教育问题难以进行有效的沟通与对话。二是没有将"服务好家长、教育好孩子"这一双重任务上升为自己应履行的工作职责,没有将与家长互动过程中向家长传播科学育儿观和科学育儿方法的使命提到履行幼儿教师职责的议事日程上。三是没有意识到家长也是课程审议和课程评价的主体,家长不仅有权利,而且应该引导家长参与到课程建设中来,参与园本教研是家长深度参与幼儿园课程建设的重要方式之一。四是幼儿教师囿于个人专业素养,认为如果引导家长参与园本教研,面对家长所提出的有关幼儿教育上的棘手问题难以应对。

我们认为,新时期园本教研发展的态势应是开放的,在参与主体上应是走向更多元化,因而应主动引导广大家长积极参与到幼儿园的教研活动中来。如果让家长参与到幼儿园园本教研活动中来,一是有利于家长对幼儿园教育有个比较全面、真实的了解,更能比较客观地认识到幼儿教师工作特点,理解、支持与配合幼儿园教育工作。二是有利于家长通过园本教研,通过与专业教师的互动,理

解科学育儿观,掌握科学育儿的方法,有助于家长真正担负起科学育儿工作,达到家园协同教育幼儿的目的。三是有利于家长通过参与幼儿园教研活动,特别是在参与教师所组织的教学观摩与分享活动的过程中,通过亲身感受幼儿在寻常活动中所出现的潜能绽放的"哇时刻",以增进家长对幼儿的理解,有效地帮助家长树立科学的儿童观,建构起丰富生动、有能力的儿童形象。

而幼儿园的园本教研活动若要邀请家长参与,必须充分考虑到家长在该活动的利益,也即要让家长觉得参与幼儿园所组织的这样的活动对他们来讲是有益的、有利的。因而,对家长开放的教研活动务必要做足相应的功课,如活动前要做好家长对幼儿教育方面的诉求的调研工作,并根据调研情况有的放矢地安排好相应的园本教研活动。如:在什么时候邀请家长参与? 参与的次数? 参与什么样的教研内容? 在现场教研中各家长发言的代表有几位? 发言多长时间? 由谁来记录整理? 由谁来主要负责讨论或交流或引领或呼应?

对每次家长参与的教研都应做好相应的记录与小结,并向全体家长开放(如张贴在家长 QQ 群或微信群),以让更多家长关注和参与,向更多家长传播科学育儿方法、了解幼儿园教育,以及作为活动后与家长互动的工作,了解家长对活动效果的评价,如哪些方面需要改进? 哪些做法需要继续发扬光大? 此举则无疑是对家园共育方式、途径、效果的进一步深化与优化。

## 四、拓展园本教研载体:落实学园大课程观

幼儿园园本教研活动的开展通常是以集中教学活动、游戏活动、区域活动为载体,并从中选取这三类活动中的"某一单位时间"的活动内容作为教研对象,围绕活动中教师教学行为的有效性、活动结构设计的合理性、师幼互动质量、环境创设与利用等情况进行观摩与研讨。可以这样说,时兴的"研课"活动,即所谓的"一课三研"课例研究模式,便是目前幼儿园教研的主要载体或形式。

细究幼儿园教研活动以"研课"为主要载体的可能原因,一是受学科课程的影响,幼儿教师都是在学科课程背景下学习成长的,学科课程的观念与运行形态深入脑海,操作起来也显得轻车熟路,颇为方便,即幼儿教师的教育生活史影响着其职场行走方式。二是采用"研课"方式便于操作,幼儿园"课"的单位时间大约为 30 分钟,大家集中观摩一个活动后再集中研讨,在研讨时间上有保障,在研讨内容上有聚焦,研讨信息相对集中,且通常都聚焦在教师"教"的维度上,主持

人对整个研讨的动态信息也比较好把握。

　　而若从幼儿园课程所主张的"一日生活皆课程"的大课程观,以及幼儿园教育所区别于中小学教育的"包班制、半日制、全科型"三大特点来审视当前园本教研的载体则不难发现,当前园本教研载体明显窄化了幼儿园课程的内涵与外延,也与幼儿园教育的特点不相符合。以集中教学活动为载体的园本教研或许是园本教研发展的必经阶段,即从有形到无形,从高结构到低结构、无结构;以及其或许是适宜某一特定的专业发展阶段,如适宜新教师对教学行为的改善,或教学环节的设计与把握的研讨上。

　　但从幼儿园课程形态来考量,幼儿园课程建设的趋向是走向低结构或无结构,如果我们的园本教研的载体还大量依赖于高结构的集中教学活动形态,这绝不是其发展的方向。从理论上考察园本教研的载体应是教师所组织的半日活动。通过组织半日活动的观摩与研讨,一是还原幼儿教师职场行走的真实情况,从整体上关注师幼在半日单位时间内互动质量,内容安排、动静交替的合理性,环节转换的流畅性。二是可以有效扭转在园本教研中只"重教轻保"的弊端,更好地推进"保教并重"原则在实践中的贯彻与落实。三是可以引导教师去关注发生在"集中教学活动"外的幼儿学习的行为,将眼睛超越了"教学活动"狭窄载体的局限去捕捉无处不在的幼儿学习的"哇时刻"。

　　当然,从实践层面来考量以半日活动为载体的园本教研的运行,确实存在着一定的操作困难,一是对执教者和观摩者来说,要在半日活动中高强度地"教"与"观"都是一件很辛苦而累人的事情;二是除非利用课余休息时间,在观摩后还要留下来进行集中研讨,这在时间的安排上是不现实的。客观上只能另找时间组织相应的研讨,未能很及时组织研讨,势必会影响现场教研的鲜活感和深刻感。

　　因而,就当前而言,作为开展以半日活动为载体的园本教研的次数应依循序渐进、有效开展、积累经验之原则。刚开始推进时,可以月为单位,每月由每个年龄段推选一位教师承担被观摩的任务,进而进入以"单个活动"为载体(教学活动、区域活动、游戏活动)交错并行的教研状态,到最后以"半日活动"这一载体为主,以"单个活动"载体为辅的新的园本教研格局。

# 49

## 如何做好个体教育经验总结

问

幼儿教师怎样才能将他们教育实践中好的教育经验进行有效总结成文呢？也即，对幼儿教师来讲，如何写好一篇个人教育经验总结？

答

个体教育经验总结，指的是教师本人对自己实际教育教学实践的某一方面进行专项回顾、分析与研究，从中概括出某些成功或失败的经验，以更好地改进今后工作或供他人借鉴。积极开展个体教育经验总结工作，是幼儿教师专业成长的必由之路。

在现实中，我们不难发现，有不少教师在实践中积累了非常丰富而鲜活的经验，也取得了较好的教育效果，但遗憾的是这些宝贵的经验却常常因受写作能力等因素的制约，而无法及时、有效地转化为一种文本化的成果予以交流、发表。这既未能更好地发挥经验的应有价值，同时也使教师未能充分地体验到成功的喜悦，从而影响她们往更高层次的专业发展。本文仅就如何做好个体教育经验总结，浅谈几点体会。

# 一、找准总结角度

对同一事例的考察角度不同,其所得出来的结果也往往是不同的。同样,对于某一专项的成功经验,如果总结者所选取的总结角度不当,也可能会使本是属于优秀的教育经验流于一般的水平,影响到经验的可借鉴性。这犹如一位裁缝想将一块优质的布料做成一套像样的服装,如果该裁缝所选取的款式不够新颖、不合时尚,则肯定会大大影响到其所制作出来的这套服装的质量。那么,如何找准一个较好的角度去整理、概括自己在某一方面丰富的经验呢?

一是应通过查阅有关的文献资料,弄清楚自己所要总结的某一方面的经验,以及所选取的角度是否已有人做过? 他人在深度或广度等方面总结得怎么样? 如果让我还是从这一角度来总结,我所总结出来的经验有可能在哪些方面比她们强(即在哪一方面有何新突破)?

二是在我所要总结的这一教育专题经验中,哪些经验是我本人体验最为深刻的? 哪些经验是最令我感动的呢?

三是在我所要总结的这些经验中,哪些方面是人们最想了解的或最为感兴趣的呢(即最有"卖点"的经验在哪里)?

四是在这些经验中,应该从哪一个角度去总结更为顺手、更好驾驭呢? 比如,某教师通过学习、借鉴她人经验,并经过了一年多的实践探索,该教师在"幼儿区域活动的组织与指导"方面取得较好的教育效果,摸索出一套切实可行的指导经验,她决定将自己在此方面教育的经验总结出来。

该教师先是通过查阅文献,发现在"材料的投放和具体指导策略"上已有人作了深入的研究,如果自己再从这些角度去进行总结,显然没有多大的优势。但是,如果从"幼儿区域活动规则问题"这一角度入手,仅将自己在"区域活动规则的制定与遵守"这两点感触较深刻的经验加以总结,还是有较大价值的。这是因为从这一角度总结的研究者不多,本人对此方面的体验也较深刻;再且所选取的这一角度较小,便于驾驭,也便于将经验总结得深入,避免流于泛泛而谈。于是该教师便据此撰写了一篇经验总结性文章——《对幼儿区域活动规则问题的几点思考》。

## 二、谋好篇章结构

总结角度的选取，其实就是拟将撰写的经验总结性文章的题目。在握管行文之前，通常需要做好文章篇章结构的安排。

首先应围绕着文章的题目，将与题目有关的材料搜集记录起来。这些材料主要指的是平日所积累的活动计划、教学笔记、观摩评议、阶段小结等相关的文字材料，以及个人一些已形成的、尚未文本化的体会等。

其次应考虑好这些文章所需的材料，应以何种适当的方式予以合理而清楚地呈现出来，即安排好文章的逻辑结构。这就像盖房子一样，有了土、沙、水泥、砖等建筑原材料后，就得事先将房子的主要结构规划并搭建好，然后再将盖这栋房子所需这些原材料合理地利用起来，这样才能建造一栋自己喜欢的房子。作为教师个人教育专题经验总结的文体结构"是有'法'而无定'法'"，它常随着具体内容和要求而有所变化。但不管是采用何种格式，总的原则是能将所要总结的经验表达清楚即可。

从期刊所刊发的教师个人教育专题经验总结的文章来看，最为常用的是"引言＋小标题"格式。这种格式是在文章的开头有一小段简洁的引言，主要是点出所要总结的经验的范围及意义，正文部分则是采用若干小标题的形式来统领每一部分的内容。采用这种文体格式应注意的事项主要有三点。一是要保证各分论点（各小标题）与总论点（题目）相统一，不能出现"头大身小"（题目太大，各小标题所论述的仅是该题目的某一部分内容）或"头小身大"（题目太小，各小标题所论述的已超过该题目所应涵盖的内容）等现象；各小标题（各分论点）要与事实材料相统一，即应明确哪些材料是支持、论证哪些观点的。如果在论证时觉得这部分材料好像也可以用来说明其他分论点，则有可能是你所选择的事实材料本身不够典型，或是你在材料的安排上有错误，应及时地予以调整。

二是各小标题间的逻辑关系在同一层级上不能出现交叉、重叠或包含的现象。个人教育专题经验总结的文章结构较为常见的是并列式和递进式，篇幅较大的也有采用复合式的结构，即并列下有递进，递进下有并列等。如果文章的逻辑结构是呈并列关系的，则文中的各小标题间的顺序无明显的先后，一般是可以随意调整的。如《新生老师角色谈》一文中，所阐述的是要做好新生入园工作，教师需同时扮演好的四种不同角色，即"当一位'微笑老师'、当一位'能干老师'、当一位'妈妈老师'、当一位'无知老师'"等,这"四个小分论点"在文章中的位置是可以作随意的调整。

而呈递进关系的文章,其各小标题间具有明确的先后顺序,如《排图讲述的组织与指导策略》一文中的三个小标题"①应抓住内在的本质,因'质'而导;②应根据不同的类型,因'类'而导;③应遵循发展的顺序,因'序'而导"。这是明显呈递进关系的,前一个小分论点是后一个小分论点的基础,如果随意调整则在结构上会犯逻辑错误。

确定好各小标题间的逻辑关系后,如果老师在进行逐段的论述时,感觉到这部分观点好像在哪一段落已有阐述,或者觉得将其安排在其他段落来论述更为合适些,则该文章的段落间的关系可能是犯交叉重复的逻辑错误。

三是各小标题的表述应力求精炼,要能起着统领各部分事实材料的作用;观点要鲜明,让人一看就知道本段落所要表达的主要内容是什么。此外,在各分论点的遣词造句上,若能考虑到形式美,如上述的两个例子,在小标题上采用统一的句式,这不仅便于记忆,同时也会让人感到一种工整的美。

## 三、讲究表述技巧

谋划好文章的篇章结构并已安排好各部分的材料后,就要考虑如何将其有效地表述出来。这就像一位厨师确定好各道菜名并已搭配好各道菜谱的配料,接下来就要考虑用什么方法来烹调一样。笔者认为,采用"引言 + 小标题"这种文体格式来总结个人教育专题经验(特别是所总结的各种教育方法、途径等),在阐述各小分论点时,一般应交代各小分论点"是什么""为什么"和"怎样做"三个基本要素,即经验总结性文章常用的"有叙有议"的写法。

比如,某位教师拟将关于指导大班早期阅读活动的有效方法总结出来,假如该教师已概括出五种有效的指导方法,那么,她在阐述每种方法时,就应说明所概括的这种方法是什么。即对该文中所谓的"方法"下一个规定性定义。在明确了"方法"的所指后,紧接下来的一般是应阐述为什么要采用这种方法? 也即,采用这种方法有何作用? 对"为什么"这一要素的阐述,其实所反映的是总结者本人能否将自己的教育实践经验与相关的教育理论、教育观念联系起来,并较准确地运用一定的教育原理来分析各种教育现象,使自己对经验的认识从感性水平上升到理性水平,让读者清楚总结者所总结出来的经验之所以在实践中是有效的是有一定的道理。

在经验总结性的文章,对"是什么"和"为什么"这两要素的叙述一般只要求能说明清楚即可,有的"为什么"部分或许也只需用两三句话加以点明。但在"怎么做"这部分则往往需作较详细的阐述。在叙述"怎么做"时应注意将"做"的程序交代清楚,即先做什么,后做什么,以及应注意的有关要点(或注意事项)或适用范围(即该"方法"适宜在什么条件下使用)等。

在这部分的叙述时,有时可以结合典型的例子来说明。有的教师因缺乏表述的技巧,在所撰写的文章中还没有交代清楚"是什么"的问题就直入"怎么做"的问题,这会使人觉得很唐突,也不便于人家清楚该作者所总结的经验到底是什么,或总结的是哪一条经验。有的对"为什么"的问题则缺乏交代或交代不清楚,没有运用一定的理论知识来进行必要的分析说明,大大地削弱所总结的经验的说服力。有的教育专题经验总结之所以会让人感觉到是有"经验"(教育活动现象的描述)无"总结"(运用一定的教育理论来分析各种教育现象)的原因,除了老师表达过于零碎、不够概括外,更为主要的可能就在于此。

## 四、进行精心修改

有人说,好文章是修改出来的,这句话有一定的道理。绝大多数的文章都是需要经过修改阶段的精心推敲与润色这一环节的。因为,文章的初稿就犹如工艺品的初坯,没有经过一番的精心雕琢是不能成为一件精美工艺品的。作为文章的修改程序,做法一般是"先整体,后局部"。整体把握主要是对文章结构的逻辑关系进行考察,具体考察的主要内容是"总论点与分论点是否统一,观点与材料是否统一,各分论点间(包括各阶段间)的逻辑关系是否清晰"等;而局部把握所考察的主要内容则是"文句的表达是否准确到位,是否通顺精炼无语病(包括标点符号的运用等)"等。

在文句的推敲上,有的教师不习惯运用语法知识来分析文句是否合乎规范,但其实完全可以通过语感来作直觉的判断。具体的办法是将文句出声地读一遍,如果觉得这句话读起来很拗口(包括有的长句读起来让人喘不过气来等),则可以判断该语句的表述可能是有问题的,应作相应的修改,直至读起来觉得顺口为止。

初稿写成后至第一遍全面的修改,最好是先搁一段时间,待思维从"初稿"的状态中脱离出来后再进行修改，这样往往比较容易发现问题。至于何时才算是定稿？笔者认为有两条自我检测的标准，一是我有没有将要总结的经验（或要表达的观点）都表达出来了？二是我这样表达，人家看得懂吗（即进行角色换位，假如我是读者，我来读这篇文章，我懂得作者所要表达的观点是什么吗）？如果自我检测的结果是满足了这两条标准，则可以宣告定稿。

## 如何提高幼儿教师专业文章写作水平

幼儿园教师在文字表达能力方面相对比较薄弱，很多幼儿园教师会做也会说，但就是写不好，也很畏写，提笔似乎有千斤重。请问幼儿园教师怎样提升自身的文字表达能力？或是幼儿教师怎样写专业文章呢？

本人曾在《幼儿教师可以怎样表达教育观点》一文中[①]，在分析了幼儿教师为何要"言说"、幼儿教师为何会"失语"基础上，回答了幼儿教师该怎样"言说"的问题。文中主张，最适宜幼儿教师言说的文体格式便是教育案例。

一线教师"言说"的魅力就在于她能为人们再现出教育情境的丰富性与鲜活性。由此看来，一线教师在表达教育观点时，这些观点务必是她们感受最为深刻与生动的，也即她们要说的应该是她们在实践中体验最为深刻、感动最为持久的事儿。试想：如果教师所"言说"的并不是她们所感动的，那么，她们的"言说"又

---

① 吴振东：《幼儿教师可以怎样表达教育观点》，《早期教育》(教师版)2005 年第 5 期。

能去感动谁呢？特别是怎能去感动编辑呢？在弄清楚教师该"言说"些什么之后，接下来就应考虑怎样去"言说"。

大家知道，教师研究往往是与其日常的教学工作紧密结合在一起的，研究与教学往往是"合二为一"的。这样，教师在表达她们的教育观点时，这些"观点"其实就是她们对自己的教育教学实践进行不断反思的结果。笔者认为，除了"教育经验总结""教育随笔"外，适宜教师表述她们教育观点的"形式"莫过于目前一线教师已逐渐熟悉的、也正在逐渐被倡导的文体——教育案例。可以这样说，教育案例这一特殊文体就是表述教师教育观点的最好形式。

所谓的"教育案例"，简单来讲就是一个教育情境的故事。它是指发生在教育领域中，包含问题或者说疑难情境在内的真实发生的典型性事件。教育案例的撰写应紧扣其五大结构要素来展开。

1. 背景。案例中需要向读者交代故事发生的有关情况：时间、地点、人物、事情的起因等。背景介绍并不需要面面俱到，重要的是说明故事的发生是否有什么特别的原因或条件。

2. 主题。案例中主题就是案例中所要反应的问题，比如是要说明如何支持幼儿生成游戏主题，还是如何激发幼儿游戏的积极性等。

3. 细节。要使所描述的主题清晰、突出，就应对与主题有关的细节作有针对性的交代。比如，主题是教师如何根据幼儿的兴趣帮助幼儿生成游戏的主题，那么就要将幼儿游戏的主题是如何出现的、教师又是如何加以有目的地引导与提升的这一过程中的关键性细节作详细的描述。

4. 结果。教育案例不仅要说明教育活动的思路，描述活动的过程，还要交代活动的结果——某种教育教学措施的即时效果，包括幼儿的反应和教师的感受等。

5. 评析。对于案例所反映的主题和内容，包括教育教学的指导思想、过程、结果以及利弊得失，作者要有一定的看法和分析。评析是在记叙基础上的议论，可以进一步揭示事件的意义和价值。评析不一定是理论阐述，也可以是就事论事，有感而发。

教育案例的编写，可以是别人通过观察、记录下来的真实故事，再加上观察者的评析，即"实例＋评析"；也可以是自己写自己的故事，并加上自己的点评。常见的表现形式主要有："案例背景——案例描述——案例分析""案例过程——案例反思""事例——问题——分析""主题与背景——情景描述——问题讨论——诠释与研究"等等。

后来在主张幼儿教师积极撰写教育案例这一文体格式后，又探索出两种对幼儿教师比较适用的教育文体。现与教育案例合并为三种适宜幼儿园教师写作的文体，并结合本人所指导并发表过的三篇文章为范例，供大家参考。

扫描二维码阅览范例文章

**图书在版编目(CIP)数据**

幼儿园课程与教学问答 50 例/吴振东著. —上海：复旦大学出版社，2019.4
ISBN 978-7-309-14216-7

Ⅰ.①幼… Ⅱ.①吴… Ⅲ.①学前教育-教学研究 Ⅳ.①G612

中国版本图书馆 CIP 数据核字(2019)第 041523 号

**幼儿园课程与教学问答 50 例**
吴振东 著
责任编辑/赵连光

复旦大学出版社有限公司出版发行
上海市国权路 579 号 邮编：200433
网址：fupnet@fudanpress.com http://www.fudanpress.com
门市零售：86-21-65642857 团体订购：86-21-65118853
外埠邮购：86-21-65109143 出版部电话：86-21-65642845
上海四维数字图文有限公司

开本 787×1092 1/16 印张 12.75 字数 204 千
2019 年 4 月第 1 版第 1 次印刷

ISBN 978-7-309-14216-7/G·1956
定价：45.00 元